U0100511

大展好書　好書大展
品嘗好書　冠群可期

大展好書　好書大展

品嘗好書　冠群可期

陳式太極拳 2

傳統太極拳

附DVD

■朱寶珍 著

大展出版社有限公司

作者先師──著名武術家劉振霖

作者與部分弟子合影

1. 退步拷虎
2. 老媽拐線
3. 海底針
4. 仆步勾子手

太極推手

《傳統太極拳》工作人員

編輯整理	張文芳	張立安	楊　洋
攝　　影	張文芳		
動作示範	朱寶珍	馮立群	張文芳
光碟解說	朱寶珍		
光碟示範	張文芳		
技術支持	張立安	賈　沛	劉增旭
	趙鳳勇	張利英	龍　貞
	尹步戰	李曉澤	

　　朱寶珍，1933年7月生於河北定興縣。自習武後，從師劉振林、胡耀貞、何中祺、何中祥、張洪基等人。擅長太極拳、二郎拳、五祖拳、行意拳、崑崙拳，專攻程派、尹派八卦掌和各種器械。

　　培養學生千餘人，在國內外武術比賽中均成績優異，作為武術名家被載入《中國當代武術家辭典》《中國民間武術家名典》《當代武林錄》等典籍。

傳統太極拳

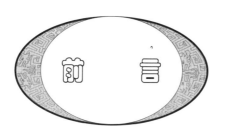

前

太極拳是我國優秀的三大內家拳之一，至今廣爲流傳，享譽世界。河南陳家溝是太極拳的重要發源地之一。在楊露禪進京傳授太極拳之前，當地不叫陳式太極拳而叫陳錘。

太極拳這個名字的出現是在楊露禪從北京回到永年後，在武汝清、武禹襄等文人參與下共同確立的。這種以陰陽玄理解說太極拳的內容爲太極拳之後的發展奠定了深厚的理論基礎，爲太極拳的廣泛傳播起到了重要作用。此理論同時也被陳家溝的陳錘練習者接受（後稱陳式太極拳）。

根據歷史傳說，陳錘（陳式太極拳）是由陳王廷依據祖傳之一百單八式長拳並博採眾家精華而成的，其與山西洪洞縣的通背拳有著極深的淵源。

本書介紹的太極拳開始也叫陳錘，根源也在陳家溝，由陳家溝人傳給其至親河南祺縣的胡氏。我得該技是由劉振麟師傅傳授。劉師得此技於河南祺縣的胡天祥老前輩。此前在北京另有「大槍」劉德寬會該

拳，且早於劉師。

據胡天祥介紹，該拳和戟法僅外傳給北京的這兩位，再沒傳其他外姓。該拳至今保持原始風貌，其技法動作複雜，動作難度大，更接近攻防技法。該拳具有陳式太極拳的特點，又有楊式太極拳的風格。據劉師講，胡氏家族掌握此拳和戟法從不外傳，僅在本姓下傳，唯劉德寬首開先河，劉師是第二位。劉德寬得此拳技和戟的典故，當時京城老一輩拳師皆知一二。下文我將所知道的劉德寬老前輩和劉師學得該拳和戟法的經過介紹給太極拳和其他武術愛好者。

劉德寬老前輩是河北（直隸）滄州人士，自幼學練六合拳，中年功成，當時自認其槍法絕倫，故綽號「大槍劉」。後聞知河南祺縣的胡家功夫了得，尤其是戟法無與倫比，遂決心去其處以槍對戟分個高低。1895年前後，劉隻身持槍來河南祺縣尋得胡家住處，揚言以槍與戟較量。當時，胡天祥老前輩已70多歲了，並未出手，而是令其孫女（12歲）持戟與劉對搏，幾個回合後，劉槍難架戟法而被戟之月牙鉤住頸部滿場奔跑，直至胡天祥喊停後劉德寬才得以脫身。

劉後從師胡天祥學習本書介紹的太極拳和六路戟法。老前輩學技結束要離開祺縣時問胡天祥：「太極拳好，還有比太極拳更好的拳種嗎？」胡答：「北京的八卦掌優於太極拳，你不懂，沒有見過。」故劉德寬由祺縣直赴北京，找到了程氏柔掌者程庭華老前

輩，在崇文門外其眼鏡店前進行了切磋。從此，劉德寬老前輩由程庭華代師收徒爲八卦門董海川的弟子。應當說，劉德寬入八卦門後，對八卦門內的柔掌體系的發展傳播作用很大，同時給柔掌技術增添了很多套路和技法，尤其是六路截法和八面粘身槍法在柔掌體系內得到繼承。

六合拳在京城也得以發揚，唯太極拳不知傳與何人，沒有在社會上出現。後人傳言「八卦、太極、形意是一家」之說，應該是在程庭華、劉德寬、李存義和張兆東（占魁）之間形成的。

劉振麟（1885—1968年）師爲北京八卦掌第三代傳人李永慶、郭守德的弟子，學得該太極拳是在1906年左右。當時劉師在北京會友鏢局任鏢師。因劉師技法和擊法出眾且品德高尚，被委以重任，保皇差赴河南祺縣督辦公務。當時保鏢的潛規則是到當地後須拜見當地的知名武術家或武霸（地頭蛇），否則不可能在當地站住腳，得到肯定。胡天祥就是當地的武霸（劉師稱其是「老賊頭」，因當地賊人都聽他的）。當劉師拜見胡天祥時，胡看到劉師英俊瀟灑、武德高尚又是保皇差至此，料定武技不會一般，遂請劉師在祺縣時到其習武場地練習武功。

劉師看到器械架上有截，便順手拿來練習（在北京跟劉德寬學得）。胡天祥看到後便問是否劉德寬傳授，劉師答是。胡隨後介紹了劉德寬到祺縣學得該技

法的經過（劉師之前瞭解一些，但不知事發胡天祥處，而胡天祥也不知劉德寬當時在北京傳授）。胡前輩介紹，該戟法共有十二路，爲向前練六路、向後練六路，當時僅傳給劉德寬前六路，並把重要的動作抽掉了。劉師請求學練後六路時被拒絕，僅將前六路補齊。所以我們習練的戟法多於社會流傳的技法。八卦柔掌繼承人有人將其改編成八路，也有人改用爲方天畫戟。當劉師練單刀加拐時被胡的孫女看到，非要學練，胡不應（因藝不輕傳），劉師暗中傳給了她，當胡發現時已基本學完。胡前輩非常感慨，遂將祖傳的太極拳（陳錘）授予劉師。

據他介紹，與陳家溝原是老親戚，陳家的太極拳傳給他家時叫陳錘，是由其父下傳給他的。以前從不外傳，所以在社會上鮮見。上世紀80年代，我在北京七運會上第一次進行了演示，被某領導發現請獻出來，因我思想保守，並且主要教授八卦掌，所以沒有將其整理獻給社會。如今本人年歲已大，應部分知情者的要求，便形成文字和光碟獻給社會和愛好者。

因本人水準所限，在寫作的表達或理解上難免有不足或誤解之處，敬請廣大讀者指導，使本書更加有利於太極拳愛好者。

目　錄

傳統太極拳

第一章 基本技術

第一節　手型和步型

一、手　型

1. 捶

四指握緊，拇指彎曲壓在四指中節上，四指根節形成平面。（圖1-1-1）

圖1-1-1

圖1-1-2　　　　　　　　圖1-1-3

2. 掌

四指伸直併攏與掌心平，拇指自然分開，掌心內吸。
（圖1-1-2）

3. 勾 手

五指捏緊，屈腕。（圖1-1-3）

二、手型名稱

(一)捶 名

1. 扣 捶

手背向上，虎口向內，捶面向前。（圖1-1-4）

圖1-1-4　　　　　　　　　圖1-1-5

圖1-1-6

2. 仰　捶

手背向下，虎口向外，捶面向前。（圖1-1-5）

3. 立　捶

手背向外，虎口向上，捶面立向前。（圖1-1-6）

圖1-1-7　　　　　　　　圖1-1-8

4. 倒立捶

手背向內，虎口向下，捶面向前。（圖1-1-7）

5. 截 捶

手背向前（或向前上），虎口向內，捶面向下（或向前下）。（圖1-1-8）

(二)掌 名

1. 仰 掌

手心向上，四指尖向前，拇指自然伸直，虎口向外。（圖1-1-9）

2. 俯 掌

手心向下，四指尖向前，拇指自然伸直，虎口向內。

圖1-1-9

圖1-1-10

圖1-1-11

（圖1-1-10）

3. 立 掌

手心向內，四指尖向前，虎口向上，拇指微屈合，自然伸直。（圖1-1-11）

圖1-1-12　　　　　　　　　　圖1-1-13

4. 下立掌

手心向外，四指尖向前，虎口向下，拇指裏合，自然伸直。（圖1-1-12）

5. 上豎立掌

手心向前（或向後），指尖向上，五指併攏（或拇指分開）手心內吸。（圖1-1-13）

6. 下豎立掌

手心向外（或向後），指尖向下，五指併攏（或拇指分開），手心內吸。（圖1-1-14）

圖1-1-14

圖1-1-15

(三)勾 手

1. 上勾手

俯掌，五指捏緊，屈腕，勾尖向下方，手背向前。（圖1-1-15）

2. 下勾手

仰掌，五指捏緊，屈腕，勾尖向上後方，手背向前。（圖1-1-16）

圖1-1-16

圖1-1-17

圖1-1-18

三、步 型

1. 馬 步

兩腳平行分立踩實，五趾扣地，腳尖平齊，兩腳間相距3個腳長；屈膝坐胯，下蹲達到膝胯平，膝尖與腳尖上下垂直，胯不後凸；上體正直。（圖1-1-17）

2. 弓 步

兩腳分前後，相距3個腳長；前腿前弓，膝尖與腳尖上下垂直，腳尖向前，膝胯平；後腳蹬，腿微屈，腳尖外擺，前腳跟對後腳心；塌腰鬆腹。（圖1-1-18）

3. 虛 步

一腳尖外擺踩實站立，下蹲；另一腳前邁半步，弓膝，腳跟提起，腳掌點地，膝胯接近平行，前腳跟對後腳

圖1-1-19

圖1-1-20

心；上體正直，胯不後凸。
（圖1-1-19）

4. 丁 步

一腳站立踩實，屈膝坐胯下蹲，膝胯接近平行；另一腳提起在支撐腳內側，相距一橫腳，腳尖點地，達到膝胯平；上體正直，胯不後凸。（圖1-1-20）

圖1-1-21

5. 仆 步

一腳踩實，微外擺，屈膝坐胯下蹲，大小腿接近，支撐；另一腿側伸直，接近地面，腳踩地，腳尖裏擺；上體側傾，仆腿，胯不後卸。（圖1-1-21）

圖1-1-22

圖1-1-23

6. 歇 步

兩腿交叉，兩腳平齊，兩腳尖相反，兩腳外沿著地，相距一腳半長；後膝尖對準前膝窩，下蹲；上體前撐，要正直。（圖1-1-22）

7. 倒 步

一腿屈膝腳踩實站立；另一腳提起，腳尖向前、向體後退步，相距兩腳長，腳尖外擺踩實，屈腿，上體正直，後坐，側扭；支撐腿由屈展直，腳平行前蹬。（圖1-1-23）

圖1-2-1　　　　　　　圖1-2-2

第二節　腿　法

一、前蹬腿

1. 起　勢

身體自然直立；兩臂下垂於胯外側，手心向大腿外側；目視前方。（圖1-2-1）

2. 提　膝

一腳踩實，腿蹬直，另一腿提膝，高與胸平，腳尖回勾向後上；兩臂左右分展直，掌向前外成斜豎立掌，手尖與耳尖平齊；上體正直，頭頂項豎，兩目平視。（圖1-2-2）

圖1-2-3

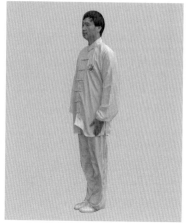
圖1-2-4

3. 蹬 腿

上體不動，支撐腿伸直，腳踩實；另一腿用腳心向前平直蹬，高與胸口平；目視前方。（圖1-2-3）

4. 收 勢

蹬腿屈膝，小腿回收下落，腳尖向前，腿直立；支撐腿略屈，蹬腿前伸直；目視前方。（圖1-2-4）

註：蹬腿落地踩實後可連續再做另一側蹬腿。

二、正踢腿

1. 預備勢

與前蹬腿起勢要求相同。參見圖1-2-1。

圖1-2-5　　　　　　　　圖1-2-6

2. 起 勢

一腳踩實，腿直立；另一腳向體前邁半步，腳尖點地；上體正直，頭頂項豎；兩臂左右外展平直，掌心向前外成豎立掌，高與耳尖平齊；目視前方。（圖1-2-5）

3. 踢 腿

前腳向前邁半步，踩實，腿挺直；上體正直，頭頂項豎；後腳由前腳裏側經前向頭頂踢，腳尖接近頭頂；目視前方。（圖1-2-6）

4. 收 勢

踢腿下落於體前半步，腳尖著地。參見圖1-2-5。後腳向前邁步，與前腳裏側平齊；兩臂收於兩胯外側；目視前方。（圖1-2-7）

註：可做左右連續正踢腿，動作相同，唯左右相反。

圖1-2-7　　　　　　　　圖1-2-8

三、擺　腿

1. 預備勢和起勢

動作與正踢腿相同，要求一致。參見圖1-2-1、圖1-2-5。

2. 擺　腿

前腳向前邁半步，踩實，腿直立，後腳由前腳裏側經體前向上，以腳外沿弧形向體側外上擺，接近與頭平，成腳尖向上的上豎立腳；目視擺腳。（圖1-2-8）

3. 收　勢

腳面繃平，擺腳下落，下劈於體側外半步遠，再收於支撐腳內側，兩腳併至平齊；兩臂收於胯外側，掌心向大腿外

圖1-2-9

圖1-2-10

側；身體自然直立，目視前方。（圖1-2-9、圖1-2-10）

四、裏合腿

1. 預備勢和起勢

動作的要求與正踢腿相同。參見圖1-2-1、圖1-2-5。

圖1-2-11

2. 裏合腿

前虛步向前邁半步，腳踩實，全腿支撐；同時，後腳由前腳裏側經體前上，用豎立腳心（腳心向側）向裏合腳，高與頭平。（圖1-2-11）

圖1-2-12

圖1-2-13

3. 收 勢

　　腳面繃平，下劈於支撐腳前半步，落地成腳尖向前、腳掌著地的虛步勢，合腳收於支撐腳裏側，兩腳併至平齊，兩腿站直；兩臂收於兩胯外側，掌心向大腿外側；身體自然直立。（圖1-2-12、圖1-2-13）

五、鏟　腿

1. 預備勢

　　與蹬腿動作要求相同。參見圖1-2-1。

圖1-2-14

圖1-2-15

2. 起 勢

　　一腿踩實支撐，另一腿前邁一大步（約兩腳長），腳尖向前；兩臂左右分展成斜豎掌，高與耳尖齊。（圖1-2-14）

3. 鏟 腿

　　前腳踩實站穩，五趾扣地帶力，腿前弓；後腳經前腳裏側擺成腳尖向裏的橫腳，用腳外沿向體前平鏟，腿要直，力達腳外沿，支撐腿略屈下蹲；目視鏟腳。（圖1-2-15）

圖1-2-16　　　　　　　圖1-2-17

4. 收 勢

鏟腳外擺，腳尖向前，略回撤落地踩實；後腳前邁於前腳裏側落地，兩腳併至平齊，兩腿直立，身體正直；兩臂下垂於兩胯外側，掌心向大腿內側。（圖1-2-16、圖1-2-17）

六、截　腿

1. 預備勢

與蹬腿動作要求相同。參見圖1-2-1。

2. 起 勢

與鏟腿起勢動作相同。（圖1-2-18）

圖1-2-18

圖1-2-19

圖1-2-20

3. 截 腿

前腳踩實站穩，五趾扣地帶力，腿前弓略下蹲，後腿提膝，後腳經前腳裏側外擺，成腳尖向外、腳心向前的橫腳（圖1-2-19）。直腿向體前略下，截腳與膝尖平；目視前方。（圖1-2-20）

| 圖1-2-21 | 圖1-2-22 |

4. 收 勢

截腳腳尖裏擺，腳面繃平，腳心向下，略回撤，落地踩實；支撐腳前邁，並與截腳裏側平齊，兩腿直立；兩臂下垂於胯外側，掌心向大腿外側；身體自然直立，目視前方。（圖1-2-21、圖1-2-22）

七、分 腳

1. 預備勢

與蹬腿動作要求相同。參見圖1-2-1。

2. 起 勢

一腳踩實站穩，支撐，另一腳向前外45°角上步，上體略前傾；兩臂左右分展平直成豎立掌，掌心向前，高與耳尖平。（圖1-2-23）

圖1-2-23

圖1-2-24

圖1-2-25

3. 分 腳

前腳五趾扣地帶力，前頂膝，略屈膝下蹲支撐；後腳前邁於前腳裏側，腳尖著地；支撐腿直立，腳踩實站穩；另一腿由下經前外45°向上分腳，成腳面與腿平直、與頭平的斜豎腳；目視分腳。（圖1-2-24、圖1-2-25）

圖1-2-26　　　　　　圖1-2-27

4. 收 勢

　　分腳屈膝收回，落地，踩實站穩，腳尖仍向前外45°；上體略前外傾，支撐腳前邁步，並與分腳裏側至平齊，兩腿直立；兩臂下垂於胯外側，兩掌心對大腿外側；目視前外側。（圖1-2-26、圖1-2-27）

八、側蹬腿

1. 預備勢

與蹬腿動作要求相同。參見圖1-2-1。

2. 起 勢

　　一腿支撐，腳踩實站穩；另一腿向前外45°邁步（約兩腳長），腳尖向前外，上體略前傾側扭；兩臂向左右分展平直成豎立掌，掌心向外，高與耳尖平；目視內前側。

圖1-2-28

圖1-2-29

圖1-2-30

（圖1-2-28）

3. 側蹬腿

前腳五趾扣地，前頂膝帶力支撐；後腳邁步，貼於支撐腿踝內側，經外提膝向上蹬直，成腳心斜向前上的斜豎腳，高與頭平；目視蹬腳。（圖1-2-29、圖1-2-30）

圖1-2-31　　　　　　　圖1-2-32

4. 收 勢

　　蹬腳繃平與小腿平直，屈膝略回撤下落於地，踩實，略屈膝下蹲，支撐；後腳邁步，併於支撐腳內側，兩腿直立；兩臂下垂於胯外側，兩掌心貼於大腿外側；平視前方。（圖1-2-31、圖1-2-32）

第一節 基本功法

一、弓步搖臂

1. 起 勢

身體自然直立，兩腳併至平齊；兩臂下垂於胯外側，掌心貼於大腿外側；頭正項豎，寧神靜氣，自然呼吸，目視前方。（圖2-1-1）

圖2-1-1

圖2-1-2　　　　　　　　圖2-1-3

2. 弓步展臂

左腳前邁一大步（約三腳長），前頂膝，膝尖下垂直與腳尖齊，大腿接近水平；後腳踩實蹬力，腿似屈非直；塌腰鬆腹，上體略前傾，要正直；右臂向前平伸成立掌，高與肩平，左臂下垂，掌心向前，虎口插於大腿上。（圖2-1-2）

3. 左弓步搖臂

弓步不動，上體穩定；以肩為軸，右臂從下經後向上旋轉一周，歸到原位，臂要直，形成立體旋轉，一般做10～12周；目平視前方。（圖2-1-3、圖2-1-4）

反轉動作亦同。

圖2-1-4　　　　　　　　　圖2-1-5

4. 右弓步搖臂

與左弓步搖臂動作相同，左右相反。

5. 收　勢

右臂停於體前，高與肩平；左弓步回撤於另一腳內側，兩腳平齊，身體自然直立；兩臂下垂於胯外側，掌心貼於大腿外側；目視前方。（圖2-1-5）

二、併步揉膝

1. 起　勢

與弓步搖臂起勢動作相同。參見圖2-1-1。

圖2-1-6

圖2-1-7

2. 扣掌下蹲

兩腳不動，屈膝坐胯下蹲，膝與胯接近平行，兩膝、兩腳貼近；兩掌心扣於兩膝上；略仰頭，目視前方。（圖2-1-6）

3. 右旋揉膝

兩掌心緊貼於膝，用力；兩膝從右經後向左順時針旋轉一周，歸原位（要求旋轉10～12次，實際旋轉方向是前下後上斜立勢旋轉），兩腳踩實，踝、胯要靈活。（圖2-1-7）

圖2-1-8

圖2-1-9

4. 左旋揉膝

與右旋揉膝動作相同，左右相反。（圖2-1-8）

5. 收 勢

兩腳原地不動，身體直立；兩臂收於兩胯外側，下垂，掌心向大腿內側；目視前方。（圖2-1-9）

圖2-1-10　　　　　　　　圖2-1-11

三、前俯腰

1. 起 勢

與弓步搖臂起勢動作相同。參見圖2-1-1。

2. 上托手

兩腳平齊，腿直立，略挺胸；十指交叉上舉過頭，手心向上，兩臂挺直；頭頂項豎，目平視。（圖2-1-10）

3. 前俯腰

以腰為軸，由上經前向前下俯腰，身體彎曲達兩掌接近地面為佳（要求停留1～2分鐘），兩腳踩實，兩腿蹬直，抬頭；目視前方。（圖2-1-11）

圖2-1-12

圖2-1-13

4. 直身挺臂

腿腳不動，兩臂不變，以腰為軸緩慢地由下經前上舉，達到身體正直，臂掌過頭，全身垂直；目視前方。（圖2-1-12）

5. 收 勢

身體恢復自然直立；兩臂下垂於兩胯外側，掌心貼大腿外側；目視前方。（圖2-1-13）

圖2-1-14　　　　　　　圖2-1-15

6. 左右俯腰

與前邊俯腰動作基本相同，不同處為分別向左右扭腰，兩掌心下按於左右腳外側。（圖2-1-14、圖2-1-15）

四、扭腰展臂

1. 起 勢

與弓步搖臂起勢動作要求相同。參見圖2-1-1。

2. 開步展臂

左腳向左開步（約三腳長），腿蹬直，上體直立；兩臂分別向左右伸展，臂平直，手成俯掌，高與肩平；頭正項直，目視前方。（圖2-1-16）

圖2-1-16

圖2-1-17

圖2-1-18

3. 雙掄臂

右撐腰；左掌由左向前平片，右掌經右向後平片，兩掌前後成一直線，左掌變立掌，右掌變下立掌，左掌經下向後上掄，高與肩平，右掌經下向前上掄，高與肩平；上體向左後撐，目視前方。（圖2-1-17、圖2-1-18）

圖2-1-19　　　　　　　　圖2-1-20

4. 左扭腰展臂

以腰為軸向左下撐腹、腰；左臂向上掄起垂直於肩，掌心向右，右臂隨扭腰向左下落，掌心貼於左腳踝後側；目視左後方。（圖2-1-19）

5. 收 勢

上體前撐正，直立；左掌裏旋向左外下劈，高與肩平，再外旋成掌尖向左的俯掌，右掌裏旋，從下經前上向右外掄臂劈，再裏旋成掌尖向右的俯掌，高與肩平；左腳並於右腳至平齊；兩臂下垂於兩胯外側，掌心貼於大腿內側；目視前方。（圖2-1-20、圖2-1-21）

圖2-1-21　　　　　　　圖2-1-22

6. 右扭腰展臂

與左扭腰展臂動作相同。左右交替進行（註：要左右交替連續各做2～3次）。

五、甩　腰

1. 起 勢

與弓步搖臂起勢要求相同。參見圖2-1-1。

2. 開步抱肘

左腳開步（約三腳長），兩腳踩實，兩臂上抬，高與肩平，兩手交叉，緊扣肘尖；身正，頭頂，項直，目視前方。（圖2-1-22）

圖2-1-23

圖2-1-24

3. 前甩腰

以腰為軸，兩手緊扣雙肘；上體經前向下俯腰，直至達到最低位置，停留1～2分鐘。（圖2-1-23）

4. 後甩腰

兩臂向前平展伸直，以腰胯為軸，上體向後弓腰後仰到最低位；兩掌裏旋成仰掌，隨後仰身向後下展至最低位置（甚至觸及地面），兩臂形成弓形；頭下垂，目反視。（圖2-1-24）

圖2-1-25

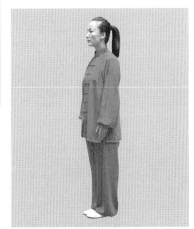

圖2-1-26

5. 收 勢

直腰，上體正直；兩臂外旋向前平伸，成掌心相對的雙立掌；併步，直立，腳平齊；兩臂由上經前收於兩胯外側，掌心對大腿外側（一般前後各做4～5個）；恢復自然站立，目視前方。（圖2-1-25、圖2-1-26）

圖2-1-27　　　　　　　　　圖2-1-28

六、涮　腰

1. 起　勢

與弓步搖臂起勢要求相同。參見圖2-1-1。

2. 開步前展臂

左腳向左側開步（約三腳長），腿略前弓；兩臂由兩
胯側向前上抬起，高與肩平，兩掌相對成立掌；上體正
直，頭頂項豎。（圖2-1-27）

3. 右涮腰

兩腳踩實，腿略前弓，以腰胯為軸，上體先向右彎曲；
兩掌從右經後向左，隨上體順時針平面旋轉一周，回歸原
位，上體直立，連續做4～6次。（圖2-1-28～圖2-1-31）

圖2-1-29

圖2-1-30

圖2-1-31

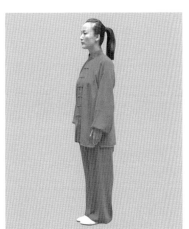

圖2-1-32

4. 收 勢

左腳併於右腳內側，平齊，身體自然正直；兩臂下垂於兩胯外側，掌心貼於大腿外側；目視前方。（圖2-1-32）

圖2-1-33   圖2-1-34

5. 左涮腰

與右涮腰動作要求相同，唯左右方向相反。

七、仆步壓腿

1. 起 勢

與弓步搖臂起勢要求相同。參見圖2-1-1。

2. 開步抱肘

左腳向左橫開大步（約三腳長），腳尖略外擺，踩實，兩腿挺直，上體略右傾；雙手抱肘尖，高與肩平；目視前方。（圖2-1-33）

圖2-1-35

圖2-1-36

3. 仆 步

一腿屈膝下蹲，大小腿接近，支撐，另一腿仆步接近地面，上體向仆腿前傾，胯後撤；兩掌後高前低分開，後立掌高與頭平，前立掌貼於左腳面上。（圖2-1-34）

4. 收 勢

支撐腿直立，上體向仆腿前傾，仆腿同時豎直，腳尖裏擺，兩腳平齊，恢復開步勢（圖2-1-35）。併步自然直立；兩臂下垂於兩胯側，掌心對大腿外側；目視前方。（圖2-1-36）

5. 反仆步壓腿

左右仆步壓腿動作相同，左右相反（左右動作要接連做）。

圖2-1-37 圖2-1-38

八、下壓腿

1. 起 勢

與弓步搖臂起勢要求相同。參見圖2-1-1。

2. 虛步獻肘

左腳向前邁步（步距大小根據功夫高低而定），腳後跟著地，落成豎立腳，上體直立；右臂上、前臂接近，左掌橫扣於右腕上。（圖2-1-37）

3. 展胯前傾

上體左扭，右腿屈膝，坐胯，下蹲至大小腿接近，左胯後卸，右胯前吸；仰頭，目視前方。（圖2-1-38）

圖2-1-39

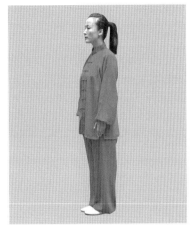

圖2-1-40

4. 收 勢

上體直立，右腿挺直，腳踩實，左腳收回併於右腳內側至兩腳平齊；兩臂下垂於兩胯外側，掌心貼於大腿外側；身體自然直立，目視前方。（圖2-1-39、圖2-1-40）

5. 右下壓腿

與左下壓腿動作相同，左右相反。

圖2-2-1　　　　　　　　圖2-2-2

第二節　椿　功

一、馬步椿功（塌掌）

1. 預備勢

身體自然直立，兩腳併攏；兩臂下垂於胯外側，掌心貼大腿外側；寧神靜氣，氣沉丹田，頭正項直，鬆肩，含胸，拔背，目平視，由遠而近收回。（圖2-2-1）

2. 起　勢

左腳向左側開步，與肩同寬，兩腿蹬直；同時，兩掌由胯外側外旋上托，成掌尖分向左右的仰掌，高與頭平。（圖2-2-2）

圖2-2-3　　　　　　　圖2-2-4

3. 馬步樁功

腳踩實，腳心提起，屈膝坐胯，下蹲達膝胯接近水平；同時兩掌接近，下塌於體前，高與腰平。（圖2-2-3）

【要點】兩腳尖略裏擺，小腿垂直，吸胯，上體正直，略含胸，掌尖相對，距腹部一橫拳距離；自然沉肩，撐肘，塌腕，頭頂項直；閉目，用鼻呼吸，細而長達丹田，站5～10分鐘。

4. 收　勢

上體直立，右腳踩實，左腳收回併於右腳內側，兩腳平齊（圖2-2-4）；兩臂下垂於兩胯外側，掌心貼於大腿外側；身體自然直立，目視前方。（圖2-2-5）

圖2-2-5

圖2-2-6

圖2-2-7

5. 馬步推掌勢（圖2-2-6）、馬步抱掌勢站樁（圖2- 2-7）

與塌掌勢馬步站樁動作基本相同，唯兩掌位置不同。

圖2-2-8

二、弓步站樁功

1. 預備勢

與馬步站樁功要求相同。參見圖2-2-1。

2. 起 勢

右腳向體前邁步（步距約三個腳長），支撐腳外擺（角度小於45°），腿略彎曲。（圖2-2-8）

3. 右弓步站樁

右腳五趾扣地，腳心上提，膝前弓，達到與腳尖垂直，後腳蹬力，腿略彎曲，上體略前傾，塌腰鬆胯，微含胸；兩臂下垂於身體兩側，掌心向內；頭略上揚，項直閉口，用鼻呼吸，氣入丹田，全身放鬆，目視由遠及近，半

圖2-2-9　　　　　　　　圖2-2-10

閉眼（站5～10分鐘）。（圖2-2-9）

4. 收 勢

右腳趾放鬆，腿挺直，左腳五趾抓地，略屈腿，上體直立，右腳收於左腳內側，兩腳平齊，身體自然直立；兩臂垂於胯外側，兩掌心貼於兩大腿外側；目視前方。（圖2-2-10）

5. 左弓步站樁

與右弓步站樁動作相同，唯左右相反。

三、虛步站樁

1. 預備勢

與馬步站樁功要求相同。參見圖2-2-1。

圖2-2-11　　　　　　　圖2-2-12

2. 起 勢

左腳向體前邁半步（約一個半腳長），腳掌點地，腿略上弓，右腳五趾扣地，腳心提起，腿略屈支撐；上體保持正直，目視前方。（圖2-2-11）

3. 左虛步站樁

右腳跟裏擺（角度小於45°）踩實，屈膝坐胯，大腿接近水平，支撐，左腳跟上提，腳掌點地，左膝與胯接近水平；兩臂左下右上外展，左俯掌展於身體左外側，高與胯平，右斜豎掌右外展於頭右側，高與頭平；上體略左扭，沉肩，略含胸；閉口鼻吸，氣沉丹田，目視前方。（圖2-2-12）

圖2-2-13

4. 收 勢

右腳踩實，腿挺直，左腳收於右腳內側，兩腳平齊，兩腿站直；兩臂收於兩胯外側，兩掌心貼於大腿外側；目視前方。（圖2-2-13）

5. 右虛步站樁

與左虛步站樁動作相同，唯左右相反。

四、提膝平衡站樁

1. 預備勢

與馬步站樁功要求相同。參見圖2-2-1。

圖2-2-14　　　　　　　圖2-2-15

2. 起 勢

　　兩腳並立平齊，踩實，腿直立，上體正直，略含胸；兩臂左右分展，高與肩平，兩手成斜豎掌，高與耳尖平；頭頂項豎，目視前方。（圖2-2-14）

3. 左提膝平衡樁

　　右腳五趾扣地，腳心上提，踩實，腿蹬直，左腿提膝，高與胸口平，小腿下垂，腳尖在體前下垂，腳面要平；全身放鬆，閉口，用鼻呼吸，氣達丹田，兩眼微閉（站3～7分鐘）。（圖2-2-15）

圖2-2-16

4. 收 勢

左腳下落於右腳內側，兩腳併攏平齊，兩腿直立站穩；兩臂收於兩胯外側，掌心貼於大腿外側，全身放鬆。（圖2-2-16）

5. 右提膝平衡樁

與左提膝平衡樁動作要求相同，左右相交。

第三章 傳統太極拳套路動作

第 一 節

預備勢

身體自然直立，雙腳併攏平齊；兩臂下垂於兩胯外側，掌心貼於大腿外側；頭正項直，凝神靜氣，氣沉丹田，用鼻呼吸；全身放鬆，目視前方。（圖3-1-1）

圖2-1-1

圖3-1-2　　　　　　　　　圖3-1-3

(一)起 勢

1. 併步托掌

兩掌由胯外側外旋，抬臂經前上托與眉平。（圖3-1-2）

【要點】兩臂略彎曲，兩掌外旋隨上抬而動，須向左前右前方分動，最後形成90°弧形；沉肩，肘略墜，掌托外撐，身體垂直。

2. 開步按掌

左腳向左邁步，下蹲，成開步勢；兩掌裏旋，下按於體前，高與胸口平，掌尖向前平齊；目視前方。（圖3-1-3）

圖3-1-4

【要點】開步距一腳長，兩腳平齊，膝尖不過腳尖，兩腿略蹲；上體正直，略含胸抱肩，沉肩墜肘；掌與前臂平直平行；頭正項豎，凝神靜氣，胯不後凸。

(二)迎風擺扇

1. 左弓步雙撩掌

左腳向左側邁成弓步，右腳尖略裏擺，腿蹬直，上體左扭略前傾；雙手外旋，直肘展臂向左前上方撩成掌心相對的左前右後的雙立掌，左掌與眉平行，右掌與左肘平行；目視左前方。（圖3-1-4）

【要點】左腳尖要直，五趾扣地，膝尖垂直於腳尖，大腿接近水平；右腳尖裏擺大於45°，要踩實，腿略彎曲，塌腰鬆腹，沉肩墜肘，臂略彎曲；掌與前臂要直，兩臂平行，掌尖向前上方，頭略揚。

圖3-1-5　　　　　　　　圖3-1-6

2. 馬步左右擄手

　　左腳尖裏擺，右腳尖外擺，上體右扭，屈膝坐胯下蹲，成馬步勢；左掌外旋，成掌尖向左的斜仰掌，與下頜平行，右掌裏旋，成掌尖向左的斜俯掌，與眉平行，兩掌隨上體右擄，向右平擄於體右。（圖3-1-5）

　　上體略向左扭正；左掌裏旋，成掌尖向右的斜俯掌，右掌外旋，成掌尖向右的斜仰掌，兩掌隨上體左扭，向左下擄於左胸，掌與胸口平行；目視前方。（圖3-1-6）

　　【要點】動作要連續。馬步時兩腳相距三腳長，兩腳平齊踩實。大腿接近水平不動。上體以腰胯為軸，左右擄30°。右擄掌與下頜平，左掌與肩平，頭隨手動。

圖3-1-7　　　　　　　　　　圖3-1-8

(三)烏龍獻角

1. 雙按掌

接上動。馬步不動；左掌合肘，掌尖前擺成掌尖向前的俯掌，右掌裏旋，掌尖前擺成掌尖向前的俯掌，兩掌略前伸下按力；目視前方。（圖3-1-7）

【要點】兩掌和前臂平直，高與胸口平。上、前臂的夾角為120°左右。

2. 雙勾手

接上動。馬步不動；上體略下蹲，兩掌五指捏攏，屈腕成下勾手，直肘展臂，用腕尖向前上頂力，高與眉平。（圖3-1-8）

【要點】鬆肩、直肘、抱肩、展腰胯。兩臂似曲非直。勾手尖以接近前臂為佳。力達腕尖。

圖3-1-9　　　　　　　　　圖3-1-10

（四）雙龍絞尾

1. 左托右扣掌

馬步不動，上體右扭；左勾手變掌，直肘展臂外旋成掌尖向前的斜仰掌，高與肩平，右勾手變掌，屈肘回撤至右肋前，裏旋成掌尖向前的斜俯掌，高與胸口平；目視前方。（圖3-1-9）

【要點】兩手略向後帶力，重心略右下移；兩大腿保持膝胯成水平。身法和手法動作要協調一致。

2. 右托左扣掌

左腳經右腳內側向前左邁，上體左扭；左掌裏旋，屈肘回撤至左胸前成斜俯掌，高與胸口平，右掌外旋、直肘、展臂前伸，成掌尖向前的斜仰掌，高與肩平。（圖3-1-10）

圖3-1-11

3. 左托右扣掌

與第一動「左托右扣掌」動作相同，唯前邁右步換成馬步勢。

（五）金雞抖翎

1. 左塌掌

接上動。馬步不動，上體左扭；左掌內旋，屈肘下塌於體前，成掌尖向右的橫俯掌，高與胸口平，同時，右掌外旋，直臂展肘向體前伸出，成掌尖向前的斜俯掌，高與肩平；目平視前方。（圖3-1-11）

【要點】擰身下坐勢帶動手下塌。兩腳十趾扣地。上體要直，頭不隨之擰動。

圖3-1-12　　　　　　　圖3-1-13

2. 右塌掌

與左塌掌動作相同，左右相反。（圖3-1-12）

3. 金雞抖翎

接上動。馬步不動；兩臂前伸，兩掌成俯掌；腰挺直不動，以胯為軸，帶動上體和手左右擰擺，做5～8次。（圖3-1-13）

【要點】兩臂固定與上體形成一體，勢架要低。挺腰鬆胯，急速左右扭擺，以速度快為佳。

(六)斜飛勢

1. 右肋抱球

馬步不動，上體右扭；左手外旋，屈伸肘成掌尖向右的

圖 3-1-14　　　　　　　　圖 3-1-15

仰掌，高與胸口平，右手屈肘上抬，成掌尖向左的俯掌，高
與肩平，形成兩手心相對；目平視前方。（圖3-1-14）

【要點】右扭上體達45°，兩臂彎曲接近90°。兩掌相
距一個半手長。沉肩，略屈指。

2. 弓步分手

右腿支撐，左腳向左前邁步，頂膝，右腳尖裏擺，腿
前蹬成弓步勢；同時，上體左擰，帶動兩掌左右分開，左
掌向左前方上分，成指尖向前左方的斜仰掌，高與耳尖
平，右手向右下方分，成指尖向前的俯掌，與胯尖平行；
目視右前方。（圖3-1-15）

【要點】弓步後腿略屈，前大腿接近水平。上體略左
傾斜。兩臂略彎曲。

圖3-1-16

（七）攬雀尾

1. 左肋抱球勢

右腳收於左腳內側成丁步，上體略左扭；右手外旋成仰掌，經體前向左展於左掌下，同時，左掌原地裏旋成俯掌，與右掌上下相對成抱球勢；目視前方。（圖3-1-16）

【要點】丁步，兩腳相距一橫腳寬。左腳支撐，五趾扣地站穩。屈膝坐胯下蹲，以低為佳。上體正直，兩手掌相距一掌長，距肋部一個半掌長。

2. 攬雀尾

右腳向右邁步，弓膝，左腳蹬力形成右弓步勢，上體右扭；左掌下扣於右前臂上，同時，右掌順左臂下弧形向右上方穿，成掌尖向前的仰掌，與頭同高，左掌貼於右肘

圖3-1-17　　　　　　　　圖3-1-18

窩上；目視前方。（圖3-1-17）

【要點】弓步、扭身和展臂要協調一致。左掌下按和右展臂同時進行。展臂應由左與身體右扭畫圓同時進行。

（八）掤捋擠按

1. 捋手勢

　　兩腳不動，左腿屈膝後坐胯，右腿挺直，重心轉移到左腿上，上體略左擰；左手從右肘窩上下沉於右肘內下側，外旋成仰掌，右手裏旋成俯掌，兩臂同時隨身體左扭而屈肘向左後下捋，左掌與胸口平行，右掌與腋下平行；目視前方。（圖3-1-18）

　　【要點】捋手、後蹲、下坐要同時進行。上體保持正直，右腳尖抓實地。兩手略帶力，身體帶動手動。

圖3-1-19　　　　　　　圖3-1-20

2. 擠手勢

兩腳不動，右腿前弓，左腿蹬直成弓步勢，上體略前傾，扭正；右掌外旋，屈肘成掌心向裏的橫立掌，高與肩平，左掌裏旋坐腕，成掌心向右腕的豎掌，貼於右腕裏側，隨弓步展臂，上體前傾，兩掌向前擠壓，略低於肩；目視前方。（圖3-1-19）

【要點】擠手與弓步同時進行，擠手由低略向高運動。兩臂和手要協調。力發於後腳蹬力。兩腳要踩實。

3. 掤手勢

兩腳不動，左後腿屈膝、坐胯、下蹲，右前腿向後蹬直，上體後移；同時，左掌經右腕下向前穿，成兩腕交叉。（圖3-1-20）

兩掌再隨身體向後下運動，向左右上方分別掤，成掌

圖3-1-21　　　　　　　　　圖3-1-22

心向裏下的斜立掌，與眉平
行，向下垂直於前腳尖；目
視前方。（圖3-1-21）

　【要點】前腳踩實，腿
似曲非直。後腿下蹲，重心
移至左後腿上，上體正直。
兩臂略屈，兩掌向上外方掤
力，略回撤。力達手背。

4. 按手勢

　　兩腳不動，右腿蹬直，

圖3-1-23

左後腿屈膝下蹲至最低點，重心移於左後腿上；屈肘，兩
掌同時弧形向體前下放，與胸口平；再向前弓右步，上體
前傾；兩掌內旋，成掌尖向上的俯掌，隨弓步向前下按
力，與下頜平；目視兩掌間。（圖3-1-22、圖3-1-23）

圖3-1-24　　　　　　　　圖3-1-25

【要點】按手與掤手要連貫，速度適中，上體要正，沉肩墜肘，力達掌心。兩掌與兩肩同寬。

(九)順水推舟

1. 擰身立掌

兩腳尖左擺，身體左擰，成開步勢；左掌裏旋，成掌心向左下的斜下立掌，高與眉平，右手外旋，成掌心斜向左下的立掌，高與胸口平；目視左掌。（圖3-1-24）

【要點】動作協調同步，上體變成正直，兩臂略彎曲，掌略回撤，力達掌心。

2. 馬步推手

兩腿屈膝下蹲，成馬步勢，以腰為軸向左擰轉；兩掌以原勢平推至體左前；目視左掌。（圖3-1-25）

圖3-1-26

【要點】馬步,兩腳尖平齊,步距約三腳長,膝胯接近平行,上體左擰達45°。兩掌相距約一個半掌長,左掌與下頷平。兩臂保持似曲非直。由身體帶動掌推動,力達全掌。

(十)抱球回還

1.抱球勢

馬步及上體保持不動;左掌外旋,屈肘成掌尖向右的仰掌,下落與胸口平行,右掌裏旋,屈肘成掌尖向左的俯掌,與肩平行;目視右掌上方。(圖3-1-26)

【要點】兩掌心相對,掌指略扣,如同抱球,距上體一個半掌長。右肘與掌背平行。

圖3-1-27　　　　　　　　圖3-1-28

2. 抱球擰身

原勢不動，以腰胯為軸，上體由左經前弧形向右轉於體右；目視右側。（圖3-1-27）

【要點】上體轉移要穩定，馬步不變形，兩掌轉弧形達到120°。

（十一）單鞭勢

1. 推球勢

右腳站穩，屈膝下蹲支撐，左腳收於右腳內側，腳尖點地成丁步；左掌不動，右掌裏旋，成掌尖向前的下立掌，直肘展臂向右推，高與肩平。（圖3-1-28）

圖3-1-29　　　　　　圖3-1-30

2. 勾子手

原勢不動，右掌直腕外旋，五指捏緊上提，屈腕成下勾手，左掌屈肘外旋上鑽，成掌心斜向左內的斜豎掌。（圖3-1-29）

【要點】右臂似曲非直，勾腕尖與眉平行，勾手在體右略偏前方。左掌尖與鼻尖平行，掌心側向左前方。

3. 左弓步單鞭勢

左腳向左邁步，膝前弓，右腳尖裏擺，前蹬，上體左扭成弓步勢；右勾手不動，左掌先外旋，成掌心向左後的豎掌，當掌移過頭左時，在內旋成掌心向左前的豎掌，與眉平行；目視左側。（圖3-1-30）

【要點】動作連貫，協調一致。右勾手與左豎掌形成左下右上、接近斜直的姿勢。上體左扭不超過45°，略左傾。

圖 3-2-1

第 二 節

（一）提手上勢

1. 屈腿勾手

左腳尖裏擺，腿屈膝下蹲支撐，右腿提腳跟向前下跪；左掌裏旋，屈肘上抬至頭頂上方，成掌心向前的下立掌，右勾手裏旋，下落於右膝右後上方，成勾尖向後的勾手；目視右側。（圖3-2-1）

【要點】動作協調一致。左大腿接近水平，腳踩實，右腿下跪至最低處。上體右扭正直，左掌與頭相距一橫掌。右勾手腕尖下沉力。

圖3-2-2

圖3-2-3

2. 上步頂腕

右腳向前邁步，落地成腳跟著地，腿蹬直；右勾手外旋，向前上方頂成下勾手，與右膝平行；右腳踩實；右勾手同時向前上頂腕，與肩平行；目視前方。（圖3-2-2、圖3-2-3）

【要點】右腿和右勾手同時動作，左腿略下蹲，上體保持正直不動。起勢站立左腿略彎曲，支撐。右腿似曲非直，右臂略屈，腕尖向上。沉肩墜肘，力達腕尖。

圖3-2-4

3. 胸前擠手

右腿前弓，左腿直，上體前傾成弓步勢；右勾手外旋，屈腕變成掌尖向左的橫立掌，與肩平行，同時，左掌上擺坐腕，向前下方落於右腕裏側，成掌心向前的豎掌貼於右腕裏側，兩掌與弓步同時向前擠手；目視前方。（圖3-2-4）

【要點】動作協調，弓步相距約三腳長。膝尖垂直於腳尖。展腰鬆胯，兩臂弧形，力達右掌背和前臂。

（二）繞膀環身

1. 托天塌地

左腳併於右腳裏側，兩腿直立，全身正直；右掌裏旋，上抬過頭，成掌尖向左的仰掌，左掌裏旋坐腕，成掌尖向右

圖3-2-5　　　　　　　　　圖3-2-6

的俯掌，直臂下塌於體前，高與胯平。（圖3-2-5）

【要點】動作同步，兩腳平齊踩實，塌腰鬆腹，含胸緊背，沉肩。兩臂略彎曲，力達兩掌心。

2. 左摟肩勢

下體不動，上體左扭；左掌裏旋，直肘展臂，從前向左上方展，成掌尖向左的俯掌，與肩平行，同時，右掌外旋，向左下摟於左肩前，成掌尖向後的俯掌；目視左掌。（圖3-2-6）

【要點】動作同步，兩腳平齊踩實，兩腿略下蹲。塌腰鬆腹，含胸緊背，沉肩。兩臂略彎曲，力達兩掌心。

3. 右摟肩勢

身體右擰；左掌外旋，屈肘經頭頂前弧形下摟，落於右肩前上方，成掌尖向右肩後方的俯掌，同時，右掌外

圖3-2-7   圖3-2-8

旋，直肘展臂，經體前下向體右上弧形展平，成掌心向後的下立掌；目視右側。（圖3-2-7）

【要點】左右摟肩動作連續不停，動作轉換，身體左右擰旋同步。兩腿隨勁逐漸半蹲。

（三）左摟膝拗步

1. 擰身豎掌

下體不動，上體右擰；左掌裏旋下塌，成掌尖向右的俯掌，高與腰平，右掌外旋上豎，成掌心向左上的斜豎掌，高於頭；目視左側。（圖3-2-8）

2. 左摟膝拗步

左腳向左前方邁步，腿前弓，右腳尖裏擺踩實，前蹬，身體左扭成弓步勢；同時，左掌裏旋，直肘展臂，弧

圖3-2-9   圖3-2-10

形經左膝前向左後方摟於左膝外，成掌尖向前的俯掌，與膝平行，右掌同時從右上方向左前下方推成掌心向前下的斜豎掌，高與肩平；目視前方。（圖3-2-9）

【要點】與上動連續不停，協調一致。弓步小腿垂直，大腿接近平行，後腿略彎曲。塌腰鬆腹，兩臂似曲非直，力達兩掌心。左弓步向左方斜25°。

（四）右摟膝拗步

1. 擰身掩肘

上體後坐，左腿直，右腿屈前跪，上體左扭；左掌外旋，直肘展臂經左向後上，成掌尖向左後的仰掌，與肩接近平行，同時，右掌外旋，屈肘向左掩，成掌心斜向裏上的斜豎掌，高與眉平；目視左後方。（圖3-2-10）

【要點】與上動連續不停，協調一致。同時做弓步時

圖3-2-11

小腿垂直，大腿接近平行，後腿略彎曲。鬆腰塌腹，兩臂似曲非直，力達左掌拇指側。右掩肘不過胸口，力達肘內側。左弓步向左方斜25°。

2. 右摟膝拗步

右腳經左腳裏側向右前方邁步，腿前弓，左腳尖裏擺，踩實，前蹬，上體右擰成弓步勢；右掌裏旋，從上弧形向下經右膝前摟於右膝外，成掌尖向前的俯掌，與膝平行，左掌屈伸肘，經左肩上展臂向前下推成掌心向前下方的豎掌，高與肩平；目視左掌。（圖3-2-11）

【要點】與左摟膝拗步相同，左前臂和掌與右大腿平行，右掌與膝外相距一掌寬。

(五)摟膝打掌

與左摟膝拗步相同。右前臂和掌與左大腿平行，左掌

圖3-2-12

與膝外相距一掌寬,唯左弓步變成正弓步。

(六)琵琶勢

手揮琵琶

左腳提起向後撤步,腳跟著地,成腳心向前下的豎立腳,右腳尖外擺,腿成屈膝下蹲勢,上體扭正後坐;左掌外旋,由下經右向左上畫弧一周,成掌心向前右方的斜豎掌,高與眉平,右掌外旋,屈肘,收於左肘裏下側,成掌心向左前方的斜豎掌,與胸口平行;目視前方。(圖3-2-12)

【要點】右腳要踩實,支撐。略屈膝下蹲;左腿接近挺直,上體略右擰。沉肩墜肘,坐腕,力達掌根。

圖3-2-13

（七）歇步蓋掌

1. 進步分掌

左腳踩實，上體左擰；左掌外旋，屈伸肘經體左向後分，成掌尖向後的仰掌，與肩平行，右掌外旋，直肘展臂，向前平插，成掌尖向前的仰掌，與肩平行；目視左掌。（圖3-2-13）

【要點】兩腿屈膝，略下蹲。上體左後擰轉，接近90°。兩臂接近平直，上體豎直。

2. 歇步蓋掌

左腳不動，右腳向左腳前上步，右擺腳尖，兩腿屈膝下蹲，成歇步勢，上體右擰；同時，左掌屈伸肘並外旋，經頭頂向體前下蓋，成掌尖向右的下立掌，與肩平行，右

圖3-2-14　　　　　　　　圖3-2-15

手屈肘，隨擰身後撤於右肋側，高與腰平；目視前方。
（圖3-2-14）

【要點】歇步時，大小腿接近，左膝尖對準右膝窩。
上體側立要直，左臂略彎曲。力達掌心。

(八)弓步攬手

1.虛步攬手

左腳向前上虛步，兩腿略彎曲，上體右擰；左掌外
旋，屈肘坐腕成掌心向右的豎立掌，右臂屈肘，掌握成仰
捶收於右肋側，與腰平行；目視前方。（圖3-2-15）

2.弓步衝捶

左腳上步，向前弓膝，右腳蹬力，腿要直，上體向左
扭成弓步勢；同時，右捶裏旋成立捶，直肘展臂向前平

圖3-2-16　　　　　　　　圖3-2-17

衝，成捶面向前的立捶，與胸口平行，左豎掌貼於右前臂裏側；目視前方。（圖3-2-16）

【要點】攬手成左虛步，右腳支撐，腳踩實。屈膝下蹲，達到大腿接近水平。弓步衝捶要與攬手成連續動作。沖捶時，上體略左扭，左掌貼於右前臂裏側，右臂似曲非直，力達捶面。

（九）如封似閉

1. 捧手勢

左腿前弓，右腿蹬直，上體略前傾；左掌直腕下落前穿於右腕下，成掌尖向前的立掌，虎口貼於右腕下，右捶變立掌，兩腕相交成十字手，隨身體後移；兩掌從前分，經左右外向體前畫弧，成兩腕相貼的捧手勢；目視前方。（圖3-2-17、圖3-2-18）

圖3-2-18　　　　　　圖3-2-19

【要點】上體保持正直，勢架要儘量低。兩腳踩實，兩掌如從前向後抹球，形成兩個半圓形，前半圓向外撐力，後半圓向裏捧力。

2. 弓步捧手

左腿前弓，右腿蹬直，上體前傾成弓步勢；兩掌原勢直肘展臂，水平向前推力。（圖3-2-19）

【要點】動作協調一致，與一動為連續動作。兩腕相貼，掌尖分左右前方，兩臂接近伸直。力達兩掌心。

(十)仆步挎手

1. 退步陰陽手

左腳支撐，右腳向後退一大步，屈膝下蹲支撐，上體

圖3-2-20　　　　　　　　圖3-2-21

右擠；左掌裏旋前伸，成掌尖向前的俯掌，與眉平行，右掌略後撤外旋，成掌尖向前的仰掌，與胸口平行；目視前方。（圖3-2-20）

【要點】左腳踩實，腿要直。右腿略蹲，支撐重力。上體直立，右側側擠90°。右掌在左肘裏下側，左臂略彎，右臂彎曲接近90°，兩掌略斜。

2. 仆步下捋手

右腳尖外擺，右腿屈膝下蹲，大小腿接近並支撐，左腳尖裏擺，踩實，腿伸直下仆，成左仆步；兩掌隨仆步向後下捋，與腰平行；目視左前方。（圖3-2-21）

【要點】仆步腿接近地面，腳尖裏擺45°。上體右擠並且立直，兩掌屈肘向後下方捋，力達兩掌心。

圖 3-2-22　　　　　　　圖 3-2-23

（十一）抬頭望月

1. 左右撩手

兩腳尖裏擺，身體直立，成開步勢；同時，兩掌裏旋從下分，向左右上方畫弧，成掌心向後的下立掌，與肩平行。（圖3-2-22）

【要點】兩腳踩實，左腿蹬直，兩腳相距三個腳長。上體正直，頭頂項豎，兩臂平直，力達手外沿。

2. 併步托掌

左腳併於右腳裏側，兩腿直立；兩掌裏旋，屈肘從左右向頭頂前上方托成掌尖相對的斜仰掌；目視前方。（圖3-2-23）

【要點】併步時兩腳平齊，身體正直，兩臂如弓形，兩掌平順，力達掌心。

圖3-3-1   圖3-3-2

第 三 節

（一）肘底捶

1. 轉身捶

左腳向體左邁步，身體左撐，略下蹲；左掌外旋，直肘展臂，向左前方劈成掌尖向前的立掌。（圖3-3-1）

右腳順左腳向前一小步，再外旋；左掌裏旋，屈伸肘經左肋側向後展，成掌尖向左後的仰掌，高與胸口平；同時，右掌外旋，直肘展臂，從上向左前下方劈成掌尖向前的立掌，與胸口平行；目視前方。（圖3-3-2）

【要點】動作連續，一氣呵成。上體側立，要直。左掌要形成前劈後捋帶，要與右劈同步。

圖3-3-3

2. 肘底捶

左腳向前邁步，落成腳跟著地的虛步，右腳尖略外擺，右腿屈膝下蹲；同時，左掌裏旋屈伸肘，從後經上方向體前劈，成掌心斜向前右方的斜豎掌，與眉平行，右掌變捶裏旋移至左肘下，成捶心向左的立捶。（圖3-3-3）

【要點】兩腳相距一個半腳長，虛步，腿要直。支撐腳踩實。下蹲勢，上體要正直。右立捶虎口對準左肘尖，兩臂略彎，力達掌外沿。

(二)左倒步撺猴

1. 前後分掌

左腳踩實，下體不動，上體左扭後下坐；左掌外旋屈伸肘，經左肋側向左後方撤，成掌尖向左後方的仰掌，與

<table>
<tr><td>圖3-3-4</td><td>圖3-3-5</td></tr>
</table>

圖3-3-4　　　　　　　　　　圖3-3-5

肩平行，同時，右捶變掌外旋，順左前臂上向前搓，成掌尖向前的斜仰掌，與肩平行；目視後掌。（圖3-3-4）

【要點】動作同步。重心下移，身體後坐最低，並向側後方撐至最大限度。上體要直。兩臂似曲非直，力達掌尖。

2. 左倒步攪猴

左腳順右腳裏側向體後倒步，屈膝下蹲，腳踩實支撐，右腳尖向裏擺正，踩實，右腿蹬直，上體向右扭；同時，左掌屈伸臂，由左後方經左肩上向體前下方，順右前臂上向前搓成掌尖向前方的斜豎掌，與肩平行，右掌同時屈肘後撤至右肋側，成掌尖向前的仰掌，與腰平行。（圖3-3-5）

【要點】動作協調同步，左腿下蹲至最低。右腿順直，腳踩實。上體保持豎直。左臂似曲非直，沉肩墜肘，力達掌根。

圖3-3-6

（三）右倒步攆猴

1. 前後分掌

　　兩腿不動，腳踩實，上體右扭；同時，左掌繼續向前下方搓力，右掌屈伸肘向體後展臂，成掌尖向右後方的仰掌，與肩平行；目視右後方。（圖3-3-6）

　　【要點】動作同步。重心下移，身體後坐，並向側後方攆至最大限度。上體要直。兩臂似曲非直，力達掌尖。

2. 右倒步攆猴

　　右腳順左腳向體後倒步，腿屈膝，前下跪，左腳尖向裏擺正，踩實，腿蹬直，上體左攆；同時，右掌屈伸肘，由體後下方向上經右肩上直肘，順左前臂向體前下方搓，成掌心向前下方的斜豎掌，與下頜平，左掌外旋，屈肘弓

圖3-3-7　　　　　　　　　圖3-3-8

臂收於左肋側，成掌尖向前的仰掌，與胸口平行；目視右
掌尖。（圖3-3-7）

【要點】與左倒步撐猴相同，唯左右相反。

（四）左倒步撐猴

與右倒步撐猴相同，唯左右相反。

（五）猛虎跳澗

1. 扭身摔掌

右腳向體後擺步，左腳尖裏擺，上體右扭；同時，右
掌直肘展臂，從前經上向右後方甩，成掌尖向後的仰掌，
與肩平行，左掌直肘展臂，經上向前下方摔，高與胸口
平；目視後方。（圖3-3-8）

圖3-3-9

【要點】動作協調、同步。兩腿略蹲，上體右扭接近90°。兩臂似曲非直，成右上左下一條斜直線。力達右掌背。

2. 反身蓋掌

右腳提起向右後方跳步，同時左腳提起向右前方跳步，兩腳成換步，身體從右向後轉；左掌裏旋屈伸肘，經頭上向後蓋掌，成掌尖向右的俯掌，與胸口平行，同時，右掌內旋，屈肘收於體右側，成掌尖向前的俯掌，與腰平行；目視前方。（圖3-3-9）

【要點】兩腳同時跳起並換步，隨換步轉身。兩腿略蹲，步距約兩腳長。上體向右側45°，左臂彎曲達90°。左掌距體前約兩豎掌，力達掌心。

圖3-3-10　　　　　　　　　圖3-3-11

（六）太公釣魚

1. 金針穿袖

左腳向前邁一小步，腿前弓，右腿蹬直，上體略前傾，成弓步勢；同時，右掌外旋，直肘展臂，經左腕下弧形向前穿，成掌尖向前的仰掌，與胸口平行，左掌扣於右前臂上；目視前方。（圖3-3-10）

【要點】動作同步。步距約兩腳長，左小腿垂直，膝尖不過腳尖，上體略右扭。左臂彎曲接近90°，右臂似曲非直，力達右掌尖。

2. 太公釣魚

兩腳不動，重心後移，兩腿形成半馬步，上體右擰；右掌裏旋，屈肘弓臂，上提肘，與耳尖平行，左掌隨右掌

圖3-3-12　　　　　圖3-3-13

動，成掌心貼右前臂的斜下立掌。（圖3-3-11）

【要點】右腿支撐，腳踩實，左腳略後蹬。重心下移，半蹲，上體正直。左掌扣於右前臂上帶力。身體隨提肘同時右擰。

3. 燕子抄水

右腳向前上步，腿前弓，左腳尖外擺，上體左擰，成弓步勢；同時，右掌外旋，從右上方經體前向左下叉掌，與胸口平行，成掌尖向左的仰掌，左掌扣於右腕裏側。（圖3-3-12）

右膝前弓，左腿蹬直；右掌直肘展臂，由左下方向前右方畫弧，成掌尖向前上方的斜仰掌，與頭平行，左掌俯於右肘窩上；目視前方。（圖3-3-13）

【要點】三動和二動要連續不停頓，一氣呵成。右膝尖垂直於右腳尖上，上體和左腿成一條斜線，右臂接近

圖 3-3-14　　　　　　　　圖 3-3-15

直。左掌向右略推力，力達右掌虎口側。

（七）獨雁出群

1. 擰身旋臂

　　右腳尖裏擺，上體右擰，左腿屈膝下蹲；右掌裏旋，屈肘弓臂，以右肘為軸，經右後方向右肩後旋，成掌尖向體前的俯掌，與耳尖平行。（圖 3-3-14）

　　【要點】動作協調同步，右腳尖裏擺 90°，兩腿同時半蹲。上體擰轉接近半圓，帶動右掌順時針旋轉 270°。

2. 獨雁出群

　　左腳後撤半步，腳掌著地，右腳尖裏擺，下蹲，上體左扭，成虛步勢；同時，右掌直肘展臂，由右肩後經右肩向體前衝掌，與眉平行，左掌外旋，屈肘弓臂成仰掌，收

圖3-3-16　　　　　　　　圖3-3-17

於左肋側，與腰平行；目視右掌尖。（圖3-3-15）

【要點】右腳裏擺25°步距約一腳長，兩腿下蹲，大腿接近水平。上體略左扭，上體保持正直。右臂接近平直，力達指尖。

（八）右蹬腳

1. 左右分掌

左腳向左前方邁步，膝前弓，右腿蹬直，上體前傾，成左弓步勢；左掌裏旋，直肘展臂向前伸，兩腕相交，形成平十字掌；兩掌再從前經上向左右弧形分掌，高與肩平；目視右前方。（圖3-3-16、圖3-3-17）

【要點】動作協調一致，弓步時大腿接近水平，後腿接近伸直。上體前傾約25°。兩掌畫弧線，形成兩個大半圓，兩臂形成一條直線，力達掌外沿。

圖3-3-18　　　　　　　圖3-3-19

2. 十字手

右腳併於左腳裏側，兩腿屈膝下蹲；兩掌外旋，由左右經下向體前畫弧形，形成左上右下的十字斜仰掌，掌尖分向左右，與胸口平行；目視右前方。（圖3-3-18）

【要點】一動和二動要連續動作，併腳平齊，下蹲以最低為佳。上體保持正直。兩腕貼緊，距體前約一個半掌長，力達腕間。

3. 右蹬腳

左腳站穩，腿直立支撐，身體直立，右腳向右前上方蹬至最高；同時，兩掌原勢直肘向上伸展，再內旋分向左右，弧形下劈，形成掌心向前的立掌，與頭平行；目視右腳。（圖3-3-19）

【要點】動作同步，一氣呵成。身體保持正直，腳尖

圖3-3-20

回勾，用腳跟向右前上蹬力，直腿。上體穩定，兩掌由下經上分向左右畫270°弧線，右掌劈於右腳外側。

（九）左蹬腳

1. 丁步托肘

右腳收於左腳裏側，踩實站穩，左腳跟提起，腳尖點地，兩腿屈膝下蹲成丁步勢；兩掌外旋，屈肘，右肘合於體前，成掌心向內的豎掌，掌尖與眉平行，左掌收於右肘下側，成掌尖向右的仰掌，上托右肘尖。（圖3-3-20）

【要點】步距約一腳寬，下蹲成丁字步，大腿接近水平，上體保持正直，右臂彎曲大於90°。

2. 左蹬腳

右腳踩實站穩，腿挺直，身體上起保持正直，左腳尖

圖3-3-21　　　　　　　　圖3-3-22

回勾，用腳跟向左前上方蹬出，成腳心斜向前上方的豎
腳；同時，左掌裏旋，經右前臂外側弧形經上向左下方分
掌，成掌心向前的豎掌，與頭平行；目視左掌。（圖3-
3-21）

【要點】與右蹬腳動作相同，唯左右相反。

（十）側彈腿

1. 右劈掌

左腳向左前方落步，踩實，腿略前弓，右腿略向前下
方跪，上體左擰；同時，左掌裏旋，從上經前向左後方下
捋，成掌心向大腿外側的下豎掌，右掌外旋，直肘展臂，
隨左擰上體，經前向左下方劈掌，成掌心向左的立掌，與
肩平行；目視右掌。（圖3-3-22）

圖3-3-23

【要點】動作同步，一氣呵成。重心偏向左腿，步距約兩腳長。兩腿似曲非直。上體正直，兩臂接近伸直。力達右掌外沿。

2. 丁步豎掌

左腳回撤，腳尖著地，右腳尖外擺，踩實站穩，腿屈膝下蹲，上體右扭；同時，右掌從前上經下向體後撩掌，再外旋，由後下向前上方掩肘，成掌心向裏的豎掌，收於身體右前上方，掌尖高於頭，左掌外旋，由左下方經前，隨右扭上體向右掩肘於右肘裏側，成掌心向裏的豎掌，與下頷平行。（圖3-3-23）

【要點】丁步腳距約一腳長，大腿接近平行，重心在右腿。上體側立要直。左掌在右肘裏側，兩前臂上下接近於平行。

圖3-3-24　　　　　　　　　　　圖3-3-25

3. 側彈腿

右腿直立，上體起勢，兩掌不動；左腳腳面繃平，直腿向前上彈腿，成腳尖向前的平腳，與胸口平行。（圖3-3-24）

（十一）弓步探捶

1. 左弓步探捶

左腳向左前方落步，腿前弓，右腿蹬直，上體略前傾；左掌裏旋，直肘展臂，經前下向左後捋帶於左膝外側，成掌尖向前的俯掌，與膝平行，同時右掌變捶裏旋，直肘展臂，由上向前下方探，成捶面向前下方的下豎捶，與胯平行；目視前方。（圖3-3-25）

【要點】弓步腳踩實，腳尖向前，小腿垂直，大腿接

圖3-3-26

近平行。後腿略彎曲，後腳蹬力，上體略左扭。左掌下塌力，右捶發力，兩臂略屈。

2. 右弓步探捶

右腳先收於左小腿裏側，再向前右方邁步，膝前弓，左腳尖裏擺，左腿蹬直，上體右扭略前傾；同時，右捶變掌裏旋，經體右和後向前上掄捶於頭前上，成捶面向前左的斜立捶，略高於頭；左掌外旋，直肘展臂，從前向體左後撤，成掌尖向後的仰掌，與肩平行，再屈伸肘，經左肩上變捶向前右下探，成捶面向前下的下豎掌，與胯平行。（圖3-3-26）

【要點】與一動左右弓步探捶相同。

3. 左弓步探捶

與右弓步探捶動作相同，唯左右相反。

圖3-4-1

第 四 節

（一）搬攔捶

1. 撇身捶

左腳尖裏擺，腿蹬直，右腳尖外擺，向右前方上步，前弓膝，上體由右向後轉，略前傾，成弓步勢；同時，左掌裏旋，屈肘弓臂，扣於右肘窩上，成掌尖向右的俯掌，右捶由下經右上方弧形向右後反砸，成捶面向前的仰捶，與肩平行。（圖3-4-1）

【要點】動作協調一致，同步。右腳五趾扣地，小腿垂直，大腿接近平行，左腿略彎曲。塌腰鬆腹。右捶掄臂成弧形，臂略屈，力達捶背。

圖3-4-2　　　　　　　　　圖3-4-3

2. 搬砸捶

左腳站穩，腿略屈膝下蹲，右腳回撤成虛步，上體隨之下移左扭；同時，右捶裏旋，屈肘，弓向體右，搬成捶背向左的斜下豎捶，與胯平行；左掌展肘收於體左前側，與胯平行；右腳向右前方上步，腿前弓，左腿蹬直，上體略前傾，右扭；右捶經體前向上，直肘展臂，與弓步同時向前砸，成捶面向前上的斜仰捶，與肩平行；目視前方。（圖3-4-2、圖3-4-3）

【要點】動作連貫、協調。弓步時，膝尖與腳尖垂直，大腿接近平行。後腿蹬力。右捶在體前，由前方經下方和上方畫弧，再向前砸，力達捶背。

3. 攔手勢

右腳踩實，腿屈膝下蹲，支撐，左腿提膝，上體右

圖 3-4-4　　　　　　　　圖 3-4-5

扭；左掌外旋，直肘展臂向前上方攔，成掌心向上的仰
掌，與胸口平行；右捶同時裏旋，屈肘弓臂，由前向後上
撤至右耳側，成捶面向前下的下立捶；目平視前方。（圖
3-4-4）

【要點】支撐腿要半蹲，要穩。提膝腿的大腿接近水
平，腳平行離地半小腿高，也可併於右小腿裏側。上體右
扭，接近90°。左臂略屈肘坐腕，力達左掌背。

4. 弓步捶

左腳向前落步，踩實，支撐，腿前弓，右腿蹬直，腳
尖外擺，上體左扭，前傾；同時，右捶外旋，由上直肘展
臂，向前下方水平前衝，成捶面向前的立捶，與胸口平
行，左掌貼於右前臂裏側。（圖3-4-5）

【要點】弓步時，大腿接近平行，小腿豎直，左腳尖

圖3-4-6　　　　　　　　圖3-4-7

向前，右腳外擺25°，腿略彎曲。兩腳相距三個腳長。鬆胯展腹，右臂略彎曲，力達捶面。

（二）抱虎歸山

1. 雙劈掌

　　左腳尖裏擺，右腳尖外擺，身體右轉，下蹲；左掌外旋，下落與膝平，成掌尖向右前的仰掌；右捶變掌，成掌尖向左前方的仰掌，與左掌平行。（圖3-4-6）

　　右腳向右開步；兩掌從體前經上向左右直肘展臂，下劈，成掌心向前的立掌，略高於眉；目視前方。（圖3-4-7）

　　【要點】開步時，兩腳平齊，步距約三腳長。上體要正直，兩臂似屈非直，兩掌平行，力達兩掌外沿。

圖3-4-8　　　　　　　　　　圖3-4-9

2. 十字手

左腳並於右腳裏側，兩腿屈膝下蹲；兩掌外旋，屈肘弓臂收於體前，成左掌在上、右掌在下的十字仰掌，與腰平行；目視前方。（圖3-4-8）

【要點】兩腳平齊，下蹲時大腿接近水平，上體正直，兩臂彎曲，掌距身體前兩橫掌長，力達兩掌間。

3. 右鑔腿

左腳站穩，腿蹬直，身體起立，同時右腿提膝向右側鑔腿，成腳尖向前的橫腳，與膝平行，上體略右擰；兩掌裏旋，直肘展臂，向身體左右平分，成掌心向前的豎掌，與耳平行；目視右側。（圖3-4-9）

【要點】動作同步，上體保持正直，鑔腿先提膝，要接近平行運動，勿高於膝，腳保持與地面水平狀態，腿接

圖3-4-10

近直，兩臂似屈非直，力達右腳外沿。

(三)右回身打虎勢

1. 馬步托肘

右腳落於體右側，距左腳兩腳長，左腳經右腳後向右腳外倒步，右腳尖裏擺，身體從左向後轉，成開步勢；同時，右掌掩肘，前臂立於右肩前，成掌心向後的豎掌，與頭平行；左掌外旋，屈肘弓臂托於右肘尖下，成掌尖向右的仰掌。（圖3-4-10）

【要點】開步時，兩腳平齊，兩腿下蹲。上體正直，右掌和前臂垂直於肘。

2. 右塌掌

右腳向右開步，下蹲成馬步，上體略右擰；左掌裏

圖3-4-11　　　　　　　　　　圖3-4-12

旋，順右前臂向上撐，成掌尖向右的斜仰掌，與頭平行；同時，右掌裏旋，向體右下塌，成掌心向右下的俯掌，與胯平行；目視右側。（圖3-4-11）

【要點】馬步相距約三腳長，兩腳平齊，大腿接近平行。左臂彎曲於頭前，右掌距體右側一掌長，力達右掌心。

（四）左回身打虎勢

與右回身打虎勢動作相同，唯左右相反。

（五）雙風灌耳

1. 掤手勢

兩腳不動，兩腿略伸直，上體扭正；右掌外旋下落，成掌尖向左的橫俯掌，同時，左掌略直臂向前上方抬，與右掌相貼，上掤，與下頜平行；目視前方。（圖3-4-12）

圖 3-4-13

【要點】兩腳踩實，動作協調一致，上體正直。上掤手時，兩腿略下蹲，再上起時帶力。兩掌十字橫掌要貼緊，兩臂略上提，力達掌背。

2. 雙砸捶前蹬腳

兩掌變捶外旋，由上向體前下方砸，成捶面向前的仰捶，與胸口平行；同時，右腳前蹬，成腳心向前的豎腳，與胸口平行。（圖3-4-13）

【要點】動作同步，兩腿蹬直，右腳尖後勾，用腳跟前踹，左腳踩實。上提保持身體正直，兩臂90°彎曲，捶與前臂平直。

3. 雙風灌耳

右腳向體前落下成弓步，腳踩實，後腿蹬直，上體略前傾；同時，兩捶裏旋，略直肘向前上方抬，並向裏灌，

圖3-4-14　　　　　　　　圖3-4-15

成捶面相對、捶背向體前的下立捶，與鼻尖平行。（圖
3-4-14）

【要點】右腳直，左腳尖外擺25°，步距約兩個半腳
長。弓步時，大腿接近平行，後腿略彎曲。兩臂和捶成圓
形，距體前兩掌長，力達兩捶面。

（六）左分腳

1. 雙劈掌

右腳尖外擺，左腿略下蹲，上體略右擰；兩捶變掌，
從體前經上向體前左右下劈，成掌心向前的立掌，與肩平
行；目視前方。（圖3-4-15）

【要點】動作同步。右腳尖外擺接近90°，兩腿略彎
曲，重心在右腳上。上體保持正直。兩臂接近平直，力達
掌外沿。

圖3-4-16　　　　　　　　圖3-4-17

2. 歇步十字手

左腳向右腳前進半步，兩腿屈膝，下勢，左腳跟提起，左膝向右膝窩頂跪下坐，成歇步勢；兩掌外旋，自上經外而下弧形內旋，收於體前相交，成兩掌心分向左右的十字斜豎掌，與下頜平行；目視左側。（圖3-4-16）

【要點】歇步時，兩大腿接近水平，上體正直，兩腕相貼，兩掌交叉，右掌外沿距身體約兩橫掌長。臂要弓成圓形，力達兩腕交叉點。

3. 左分腳

右腳踩實，右腿直立，起勢，上體略右擰，左腳直腿向左前側上方分腳；同時，左掌裏旋，直肘展臂，成掌尖向左前方的俯掌，拍在左腳面上；右掌外旋，屈肘收於右肋側，成掌尖向前的仰掌，與腰平行；目視左腳。（圖3-4-17）

圖3-4-18

【要點】動作同步一致。左腳面繃平，與左小腿形成直線。分腳高度在胸口到頭之間，手擊腳面出聲。兩腿接近直，右腳站穩，上體正直，力達左腳面。

（七）右分腳

1.十字手

左腳下落扣於右腳前，兩腿略蹲，上體右扭；左掌外旋，屈肘弓臂收於體前，成掌心向裏的橫斜下立掌，與下頜平行；同時，右掌裏旋，直肘向前上方抬腕，貼於左掌腕外，成掌心向前的橫下立掌。（圖3-4-18）

【要點】扣步腳橫於支撐腳腳尖前，步距約一個半腳長，腳尖向支撐腳外。兩腿略蹲，右腳支撐重心。兩腕貼緊，距胸前約一個半橫掌長，兩臂形成圓形。

<table>
<tr><td>圖3-4-19</td><td>圖3-4-20</td></tr>
</table>

圖3-4-19　　　　　　　　　圖3-4-20

2. 右分腳

左腳踩實站穩，蹬直，右腿提膝向右後上方分腳，成腳尖向斜後上方的平腳；同時，兩掌左右分，右掌裏旋，直肘展臂，由下經上向右下拍右腳面，成掌尖向後的俯掌，左掌裏旋，直肘展臂，由下經上向左前下劈，成掌心向前的立掌，與肩平行；目視右腳。（圖3-4-19）

【要點】與左分腳要點相同。

(八)蓋手捶

1. 右蓋手

右腳向右前方落步，身體右扭；右掌裏擺，下蓋，成掌尖向左的俯掌，與胸口平行；目視右前方。（圖3-4-20）

圖3-4-21

【要點】落步腳尖向右，步距約一個半腳長，兩腿略彎曲，上體略前傾。右臂成弓形，力達右掌心。

2. 上步撩掌

左腳向右腳前上步，右腳尖右擺，兩腿略蹲，上體右扭；左掌外旋，由上經前下側向右前上方撩，成掌尖向前的仰掌，與胸口平行；同時，右掌向右擺正，由前向後帶壓，成掌尖向前的俯掌；目視前方。（圖3-4-21）

【要點】左腳尖向前，右腳尖外擺45°，步距約兩腳長，腿半蹲，重心在右腿，上體右扭，接近90°。左臂接近平直，右臂呈弓形，力達左掌心和右掌指。

3. 弓步衝捶

左腳向前邁一小步，腿前弓，右腿蹬直，上體左扭，略向前傾；右掌裏旋變捶，直肘展臂向前衝，成捶心向左

圖3-4-22

圖3-4-23

的立捶，與腋下平行；左掌屈肘收於左肋側，成掌尖向前的仰掌，與腰平行；目視前方。（圖3-4-22）

【要點】左腳略裏擺，右腳尖外擺接近25°，步距約三腳長。弓腿的小腿垂直，右腿略彎曲。上體正直，略前傾，右臂接近平直，力達捶面。

（九）攬紮衣

1. 馬步叉手

左腳尖裏擺，右腳尖外擺，上體右扭下蹲，成馬步勢；右捶外旋變掌，屈肘弓臂，收於體前，變成掌尖向左的仰掌，同時，左掌直肘展臂插於右掌上，成掌尖向右的仰掌。（圖3-4-23）

【要點】馬步時，腳尖平齊，步距約兩個半腳長，兩腿半蹲，上體正直，兩臂成弓形，兩掌對插，距體前約一

圖3-4-24

個半掌長，力達兩指尖。

2. 十字手

兩腳不動，腿直立；同時，兩掌直肘展臂上舉，成掌心向後的十字手，高於頭。（圖3-4-24）

【要點】上體保持正直，兩臂接近直，兩掌緊貼。沉肩、拔腰。

（十）高探馬

1. 回身甩探掌

左腳尖裏擺，腿略下蹲，右腳向右後上步，右腿前弓，左腿蹬直，上體向右後方轉，成弓步勢；同時，右掌外旋，直肘展臂，向右後方甩，成掌尖向右後方的仰掌，

圖3-4-25　　　　　　　　圖3-4-26

與胸口平行，左掌裏旋，直肘展臂向右後方探，成掌尖向右方的俯掌，高與頭平；目視左掌。（圖3-4-25）

【要點】動作連貫，同步，右腳直，左腳尖外擺45°。右腿弓，小腿要垂直。左腿接近直，上體保持正直。右臂弓形，力達掌背，左臂接近直，力達掌尖。

2. 捋扣掌

下體不動，上體左擰；左掌外旋，屈肘弓臂，後撤下捋，成掌尖向前的仰掌，與胸口平行，右掌裏旋，直肘展臂，向前上扣，成掌尖向前的俯掌，與肩平行；目視右掌。（圖3-4-26）

【要點】與回身捋探掌動作相同，左右相反。

圖3-5-1

第 五 節

(一)左野馬分鬃

1. 右抱球

右腳站穩，支撐，腿略下蹲，左腳收於右腳裏側，腳尖點地，成丁步勢，上體略右擰；右掌屈肘弓臂，成掌尖向左的俯掌，與肩平行，同時，左掌直肘展臂，向右前方平插，成與右掌上下相對、掌尖向右的仰掌，與胸口平行；目視右方。（圖3-5-1）

【要點】丁步時，兩腳相距一腳長，大腿接近平，上體略右擰。兩臂成弓形，兩掌相距一掌長，力達兩掌心。

圖3-5-2　　　　　　　　　圖3-5-3

2. 左右分手

　　左腳向左後方弧形邁步，右腿蹬直，上體向左後方扭，成弓步勢；同時，左掌直肘展臂，由右下方經前向左後上分掌，成掌尖向左前上方的斜仰掌，與耳尖平行；右掌直肘展臂，向右下方分掌，成掌尖向前的俯掌，與腰平行；目視右前方。（圖3-5-2）

　　【要點】弓步時腳要直，膝尖與腳尖形成垂直，大腿接近平。右腳尖外擺25°，腿略彎曲，力達左掌虎口處和前臂外側及右掌心。

3. 左片掌

　　左腳向右後蹬力，大腿直，右腿屈膝坐胯，下蹲，上體右擰；同時，左掌略外旋，直肘向右前方平片，成掌尖向前右的斜仰掌，與頭平行；右掌屈肘收於體前，成掌尖向左的俯掌，與腰平行；目視左掌。（圖3-5-3）

圖3-5-4

【要點】動作協調一致。左腿接近直，右腿半蹲。上體右擰45°。左臂半彎曲，力達掌外沿。

4. 回削掌

兩腳不動，左腿前弓步，右腿蹬直，上體左扭；左掌裏旋，略屈肘弓臂，隨扭上體向左後下削，成掌尖向前的俯掌，與下頜平行；右掌外旋成仰掌，同時插於左肘下，隨身體左扭向左側。（圖3-5-4）

【要點】左膝尖垂直於左腳尖，大腿接近平。右腳蹬力，大腿直，步距約三腳長。上體前左傾，要直。兩臂成弓形，力達左掌外沿和右掌指。

(二)右野馬分鬃

與左野馬分鬃動作相同，唯左右相反。

圖3-5-5

（三）左野馬分鬃

與前左野馬分鬃動作相同，不同之處是向左前方邁步。

（四）右玉女穿梭

1. 左脅抱月

左腳踩實站穩，腿略彎曲下蹲，右腳收於左腳裏側，腳尖點地，成丁步勢，上體略左擰；右掌略直肘展臂，向左平插，與左掌上下相對，成抱月勢；目視左掌。（圖3-5-5）

【要點】丁步時，左腳支撐，腿半蹲。右大腿接近平，步距約一腳長。上體豎直，左擰25°。兩臂成弓形，兩掌相距一掌半。

圖3-5-6　　　　　　　　圖3-5-7

2. 右攬雀尾

右腳向右前上步，腿前弓，左腿蹬直，上體右扭，成右弓步勢；同時，右掌自左下方順左臂下向右前上方穿，成掌尖向前的斜仰掌，與頭平行；左掌貼於右肘窩上，成掌尖向右上方的俯掌；目視右掌尖。（圖3-5-6）

【要點】動作要協調一致。弓步時右腿垂直於地面，腳尖向前。後腿略彎曲，腳尖外擺，接近45°。塌腰鬆腹，上體前傾，右臂直，左臂成弓形，力達右掌指尖。

3. 左下捋勢

兩腳不動，左腿屈膝下蹲，右腿蹬直，上體左擰後坐；右掌裏旋，屈肘弓臂，同時，左掌外旋，屈肘弓臂，兩臂隨身體左擰坐胯，向左後下方捋，成右掌尖向前的俯掌和左掌尖向前的仰掌，與胸口平行。目視前方。（圖3-5-7）

圖3-5-8

【要點】左腿半蹲，支撐重心，右腳五趾抓地，腿展直。上體左扭達45°。兩臂由直變彎曲，接近體前，力達兩掌根。

4. 玉女穿梭

兩腳不動，右腿前弓，左腿蹬直，上體塌腰、鬆腹、前傾成弓步勢；右掌外旋，上抬臂，成掌尖向左的下立掌，與頭平行；同時，左掌裏旋坐腕，直肘展臂，由右肘下向前上方推，成掌心向前的豎掌，與肩平行；目視前方。（圖3-5-8）

【要點】動作協調同步，上體正直。弓步時，右腳踩實，右小腿要垂直，左腿略屈，左腳向後蹬力。力達左掌心和右掌外沿。

圖3-5-9

（五）左轉身右玉女穿梭

1. 轉身左攬雀尾

右腳向左後扣步，左腳向右後方上步，身體由右前方經左向右後轉270°，左腿前弓，右腿蹬直，成左弓步；同時，兩掌外旋，左掌隨轉體順於右前臂下，上穿，成掌尖向前上方的斜仰掌，與頭平行；右掌貼於左肘窩上，成掌尖向左前上方的斜仰掌；目視左掌尖。（圖3-5-9）

【要點】身體由右前方向右後方轉270°，弓步腿的膝尖垂直於腳尖，大腿接近平，後腿略彎曲。上體正直略前傾。左臂接近直，掌和前臂挺直。右掌彎曲，掌背緊貼於左肘窩，力達掌尖。

圖 3-5-10

2. 右下捋手

左腿向後蹬直，右腿屈膝下蹲，重心向後下移，上體右擰；同時，左掌裏旋，然後兩掌屈肘弓臂，向體右後方下捋，左掌成掌尖向前的俯掌，右掌成掌尖向前的仰掌，與胸口平行。（圖3-5-10）

【要點】與右玉女穿梭動作相同，唯左右相反。

3. 左玉女穿梭

與前右玉女穿梭動作相同，唯左右相反。

（六）右上步玉女穿梭

1. 左脅抱月

右腳收於左腳裏側，腳尖點地，左腳踩實站穩，腿下

圖3-5-11　　　　　　圖3-5-12

蹲，成丁步勢，上體左擰；左掌外旋，屈肘下落，成掌尖向右的俯掌，高與肩平，右掌外旋，屈肘弓臂收於左掌下，成掌尖向左的仰掌，與胸口平行。（圖3-5-11、圖3-5-12）

2. 右攬雀尾

同上。

3. 左下捋手

同上。

4. 王女穿梭

同上。

（七）左轉身右玉女穿梭

與（四）左轉身右玉女穿梭動作及左右相同。

（八）攬雀尾

1. 左脇抱月

右腳收於左腳裏側，腳尖點地，左腳踩實站穩，腿下蹲，成丁步勢，上體左擰；左掌外旋，屈肘下落，成掌尖向右的俯掌，高與肩平；右掌外旋，屈肘弓臂，收於左掌下，成掌尖向左的仰掌，與胸口平行。（圖3-5-12）

【要點】步距約一步長，左大腿接近平。上體正直，側扭接近90°。兩臂成弓形，掌心相對，力達掌心。

2. 攬雀尾

右腳向右前上步，腿前弓，左腿蹬直，上體略前傾，成弓步勢；同時，左掌下落，右掌順左掌向前穿，成掌尖向前上的斜仰掌，與頭平行；左掌順右前臂後撤於右肘窩上，成掌尖向右方的俯掌，緊貼於右肘窩；目視右掌尖。（圖3-5-13）

【要點】弓步時，右膝尖垂直於右腳尖，大腿接近平。左腳踩實，腿略彎曲，步距約三腳長。上體正直略前傾。左臂成弓形，右臂略彎曲，力達虎口側。

圖3-5-13　　　　　　　　圖3-5-14

（九）掤捋擠按

1. 下捋手

左腿屈膝下跪，右腿蹬直，坐胯，重心下移，上體左擰；左掌外旋，下落於右肘裏側，成掌尖向前的仰掌，右掌裏旋，成掌尖向前的俯掌；兩掌隨左擰身屈肘弓臂，同時向左下方捋手，與胸口平行；目視前方。（圖3-5-14）

【要點】左腿支撐重心，並跪蹲至最低處，右腿要直，腳向後蹬力。上體側擰轉，接近90°。兩掌間距約一掌長，右掌在上，左掌在下，兩掌距體前約一掌長。兩臂成弓形，力達兩掌指。

圖3-5-15

圖3-5-16

2. 擠手勢

兩腳不動，右腿前弓，左腿蹬直，上體略前傾，成右弓步勢；右掌外旋，屈肘，成掌心向裏的立掌；左掌裏旋，坐腕，成掌心向前的豎掌，貼於右腕裏側，兩掌隨弓步直肘展臂，向前擠手，與肩平行。（圖3-5-15）

3. 掤手勢

兩腳不動，右腿略前弓，左腿向前蹬，上體前傾，成右弓步勢；右掌裏旋，直肘展臂，成掌尖向左前方的俯掌；左掌直腕，成掌尖向右前方的俯掌，插於右腕下。（圖3-5-16）

左腿屈膝坐胯，右腿蹬直，上體向後下方移；兩掌屈肘弓臂向左右上方掤並後撤，與眉平行；目視前方。（圖3-5-17）

圖3-5-17　　　　　　　圖3-5-18

【要點】動作同步一致。兩掌分別由前下方經左右向體前畫半圓形，兩臂彎曲接近90°，兩掌收於頭左右前方，距頭約一個半掌長。力達掌背。

4. 按手勢

左腿前跪下蹲，右腿蹬力，重心向後下方移；兩掌屈肘弓臂，由上經後並向體前畫弧下按，成掌尖向前上方的斜俯掌，與胸口平行。（圖3-5-18）

右腿前弓，左腿蹬直，上體前傾，成弓步勢；兩掌直肘展臂向前上方按，與下頜平行；目視前方。（圖3-5-19）

【要點】動作協調一致。兩臂接近直，兩掌與肩同寬，力達掌心。

圖3-5-19　　　　　　圖3-5-20

（十）抱球勢

1. 順水推舟

　　右腳尖裏擺，左腳尖外擺，上體左扭下蹲，成馬步勢；左掌裏旋略扣，成掌心向左的下立掌，與下頷平行；右掌外旋略下落，成掌心向左的立掌，與胸口平行，兩掌隨身體向左轉，平推於身體左側；目視左掌。（圖3-5-20）

　　【要點】馬步時，兩腳平齊，相距約三個腳長。膝不過腳尖，大腿接近平，上體保持正直。兩臂略彎曲，力達兩掌心。

圖3-5-21　　　　　　　　　　圖3-5-22

2. 抱球勢

馬步勢不動；左掌外旋下落，成掌尖向右的仰掌，與腰平行；右掌裏旋，上抬裏擺，成掌尖向左的俯掌，與下頜平行，兩掌心相對。（圖3-5-21）

上體右扭，兩掌以原勢隨轉體向右平轉於體右側；目視右方。（圖3-5-22）

【要點】左掌外旋和右掌裏旋要同步，兩掌相距約一個半掌長。馬步勢不動，以腰胯為軸左右扭動上體。力達兩掌心。

（十一）單鞭勢

1. 推球勢

右腳踩實，腿屈膝下蹲，左腳收於右腳裏側，腳尖點

圖3-5-23　　　　　　圖3-5-24

地，成丁步勢，上體略右擰；左掌略上抬，右掌同時裏旋，直肘展臂向右推，成掌心向右的下立掌，與下頜平行；目視右掌。（圖3-5-23）

【要點】丁步時兩腳相距約一橫腳寬，支撐腿大腿接近平。上體略右擰。左臂成弓形，右臂接近直。力達右掌心。

2. 勾子手

丁步和上體保持不動；左掌外旋，屈肘弓臂，上插於右肩前，成掌心斜向左上方的豎掌，與肩平行；右掌外旋，五指捏攏，直肘展臂，屈腕，成下勾手，高與眉平；目視勾手。（圖3-5-24）

3. 單鞭勢

左腳尖外擺，向體左上步，腿前弓，右腳尖裏擺，腿蹬直，上體左扭，成弓步勢；同時，左掌由上經面前屈伸

圖3-5-25　　　　　　　　圖3-5-26

肘展臂向左分掌，成掌心向左前方的豎掌，與下頜平行；
目視左掌。（圖3-5-25）

【要點】左腳尖向左，大腿接近平。右腳尖裏擺，接
近45°，腿略彎曲，兩腳相距約三腳長。上體左扭45°。兩
臂接近直，力達左掌心。

(十二)左雲手勢

1. 右推手

左腳尖裏擺，右腳尖外擺，兩腿屈膝坐胯下蹲，上體
右扭，成馬步勢；左掌外旋，屈伸肘，由左上經小腹前向
右上方推撩，成掌尖向右的仰掌，與腋下平行；同時，右
勾手裏旋變掌，坐腕，直肘展臂向右平推，成掌心向右的
下立掌，與肩平行；目視右掌。（圖3-5-26）

【要點】馬步時，兩腳平齊，步距約三腳長，小腿垂

圖3-5-27　　　　　　　圖3-5-28

直，大腿接近平。上體正直略右扭，兩臂接近直。力達右掌心和左掌心。

2. 攔推手

馬步勢不動；左掌屈肘弓臂，成掌心向左的豎掌，與眉平行；右掌外旋，屈肘弓臂，下落於體右前方，成掌尖向前的立掌，與腰平行。（圖3-5-27）

右腳併於左腳裏側，屈膝下蹲，上體略左扭，左掌由右經面前，外旋裏轉向左攔於體左前方；右掌同時經腹前，略直肘展臂，向左平推於體左前，直腕外旋成掌尖向左的仰掌；目視左掌。（圖3-5-28）

【要點】併步時，兩腳平齊，步距約一腳寬，大腿接近平，上體左扭25°。左臂90°彎曲，掌要豎立。右臂逐漸隨推掌接近直，坐腕達90°。兩掌保持在身體前，力達左掌虎口側和右掌心。

圖3-5-29

(十三)右雲手勢

1. 左推手

左腳向左開步，踩實，兩腿屈膝，坐胯下蹲，成馬步勢，上體略左擰；左掌裏旋，坐腕下落，直肘展臂向左平推，成掌心向左的下立掌，與肩平行；右掌同時直腕上托，成掌尖向左的仰掌，與腋下平行；目視左掌。（圖3-5-29）

【要點】馬步時兩腿相距約三個腳寬，大腿接近平，上體正直左扭。兩臂接近直，左掌接近右上臂下側，力達兩掌心。

2. 攔推掌

馬步不動；左掌裏旋，坐腕下塌，成掌尖向前的俯

圖3-5-30　　　　　　圖3-5-31

掌，與腰平行；右掌外旋，屈肘弓臂上攔，成掌心向右的豎掌，與眉平行。（圖3-5-30）

　　接著，右擰上體；右掌同時經面前水平向右攔截於體右前側；左掌外旋，直肘展臂向右平推撩於身體右前方，成掌尖向前的立掌；目視右掌。（圖3-5-31）

（十四）左雲手勢

同（十二）。

（十五）右雲手勢

同（十三）。

（十六）左雲手勢

同（十二）。

圖3-6-1

第 六 節

（一）單鞭勢

與第五節（九）單鞭勢動作相同，方向一致。

（二）左金雞獨立

1. 左下勢單鞭

右腿屈膝，坐胯下蹲，左腳略向左開步，腳尖裏擺，腿下仆，上體同時向後略傾斜，重心下移，成仆步勢；左掌掩肘裏旋，屈伸臂由右下向左插，成掌尖向左的立掌，與小腿平行；右勾手裏旋，直肘展臂，成後勾手；目視左前方。（圖3-6-1）

【要點】仆步時，左腿接近地面，腳尖向右前方，腿要直。右腿支撐，大小腿接近，腳尖略外擺，上體左前傾。右臂直，左臂彎曲90°。力達左掌尖。

2. 弓步挑掌

左腳尖外擺，腿前弓，右腳尖裏擺，腿蹬

圖 3-6-2

直，成左弓步勢；左掌同時直肘展臂，向左前方上挑，與肩平行；右勾手裏旋，成上勾手，與胸口平行；目視左掌。（圖3-6-2）

3. 提膝攔手

左腳踩實站穩，腿蹬直，支撐，右腿屈膝，高與腹平，上體正直；左掌外旋，由前經上向體前下插於襠前，成掌心向右的下豎掌；右掌外旋，屈肘弓臂，由後經右下方向前上方豎立掌，成掌心向左的豎掌，與眉平行。（圖3-6-3、圖3-6-3附圖）

【要點】支撐腳踩實，腿直立站穩。提膝腿小腿下垂，腳面繃平。上體正直。左掌直，在提膝腿裏側和襠中，右掌和前臂成直線，上臂和前臂的夾角45°。力達兩掌背。

圖3-6-3　　　　　　　　　圖3-6-3附圖

（三）右金雞獨立

與左金雞獨立動作相同，唯左右相反。

（四）左退步抹袖

1. 落步扣掌

左腳向體後落步，略下蹲，右腿蹬直；左掌外旋，直肘展臂，向前下落於體前，成掌尖向前的仰掌，高與腰平；右掌裏旋，屈肘弓臂上抬，扣於左腕上方，成掌尖向前的俯掌，與胸口平行。（圖3-6-4）

【要點】左腳後落步，距右腳約一個半腳長，右腳尖外擺接近45°。右腳踩實，腿蹬直。上體保持正直，兩臂成弓形。

圖3-6-4　　　　　　　圖3-6-5

2. 抹袖勢

　　左腿下蹲，腳踩實，支撐，右腳向後蹬力，上體左扭；右掌直肘展臂，順左腕上和掌心向前搓，與肩平行；左掌同時屈肘，向後撤至左脅側。目視右掌。（圖3-6-5）

　　【要點】動作協調同步。左腿半蹲，支撐，右腳踩實，向後蹬力，腿蹬直。上體左扭接近45°。左臂成90°弓形，右臂略彎曲。力達右掌根。

（五）右退步抹袖

1. 扭身扣掌

　　兩腳不動，左腿略直，右腿略蹲，上體右扭正身；右掌外旋略屈肘，成掌尖向前的仰掌，與腰平行；左掌裏

圖3-6-6　　　　　　　　　圖3-6-7

旋，略直肘展臂，扣於右前臂上方。（圖3-6-6）

2. 抹袖勢

　　右腳向後退步，踩實，站穩，支撐，右腿屈膝下蹲，左腿蹬直，上體右扭；左掌直肘展臂，順右前臂和掌向前搓，與肩平行；同時，右掌屈肘弓臂，收於右脅側，與胸口平行。（圖3-6-7）

（六）斜飛勢

1. 左脅抱月

　　右腳收於左腳裏側，腳尖點地，左腳踩實，下蹲，成丁步勢；左掌屈肘弓臂收於體左前方，成掌尖向右的俯掌，與肩平行；右掌直肘展臂插於左掌下，成掌尖向左的仰掌；上體左擰，目視左掌。（圖3-6-8、圖3-6-8附圖）

圖3-6-8　　　　　　　圖3-6-8附圖

2. 斜飛勢

左腳向左後方邁步，左腳尖裏擺，腿蹬直，成右弓步勢；左掌直肘展臂向左下方塌，成掌尖向前的俯掌，與胯平行；右掌直肘展臂，弧形向右後方展，成掌尖向右後方的斜仰掌，與耳尖平；目平視前方。（圖3-6-9、圖3-6-9附圖）

【要點】右弓步時，右腿向右後方45°邁步，要求與弓步相同。上體右擰，右臂接近直。力達右肩和右臂。

(七)抽身塌掌

1. 抽身塌掌

左腿屈膝下蹲，右腳蹬力，腿直，上體向左方下坐；

圖3-6-9

圖3-6-9附圖

圖3-6-10

圖3-6-10附圖

右掌裏旋，屈肘弓臂，隨上體左側扭，並向後下塌，成掌尖向右的俯掌，與胸口平行；目視右前方。（圖3-6-10、圖3-6-10附圖）

【要點】動作協調同步。左腿屈膝下蹲，達到與胯

圖3-6-11

平，右腳向左蹬力，腿要直。上體略左擰，力達兩掌心。

2. 懷中抱月

左腳尖外擺，右腳尖裏擺，右腿屈膝坐胯，下蹲，上體右扭，成馬步勢；左掌略屈肘向上抬，成掌尖向右的俯掌，與肩平行；右掌外旋，屈肘弓臂收於左掌下，成掌尖向左的仰掌，與胸口平行；目視兩掌。（圖3-6-11）

【要點】馬步時，兩腳平齊，步距約三腳長，大腿接近平，上體正直。兩臂成弓形，兩掌心相對，兩掌相距約一個半橫掌長，力達掌心。

3. 金雞鬥翎

懷中抱月勢不動，以腰胯為軸，上體與兩臂順時針旋轉一周，再逆時針旋轉一周不停，再急速順逆時針旋轉2～4周，停於懷中抱月勢。

圖3-6-12

【要點】兩腳站穩踩實，以胯為軸，大腿和上體略有起伏，形成上體的震動。

（八）白鶴亮翅

1. 白鶴亮翅

左腳向左前方邁步，腳掌點地，右腿屈膝下蹲，上體略左扭，成虛步勢；同時，左掌直肘展臂，向左下方削塌於左膝外側，成掌尖向前的俯掌，略高於胯；右掌同時直肘展臂，向右上方片掌於頭前右側，成掌尖向右上方的斜仰掌，與頭平行；目視左前側。（圖3-6-12）

【要點】虛步時，兩腳相距約一腳長，左大腿接近平。右腿半蹲，腳尖外擺。上體略左扭。兩臂略屈，力達左掌外沿和右掌虎口處。

圖3-6-13　　　　　　　　圖3-6-14

2. 摟膝打掌

　　下體不動，上體左扭；同時，左掌外旋，直肘展臂，由左向體後伸展，成掌尖向後的仰掌，與胸口平行；右掌略屈肘掩於體前，成掌尖向前上方的仰掌。（圖3-6-13）

　　上體由左向右扭；同時，左掌略外旋，屈肘由左向前掩，成掌尖向前的仰掌，與肩平行；右掌裏旋，直肘展臂，經右下方向體後上方撩掌，成掌尖向左後方的下立掌，與肩平行。（圖3-6-14）

　　左腳向左前方邁步，腿前弓，右腿蹬直，上體左扭前傾，成左弓步勢；左掌裏旋，直肘展臂向左下方削塌，成掌尖向前的俯掌，略高於大腿；右掌外旋，屈伸肘弓臂經右肩上向體前下方推掌，成掌心向前的斜豎掌，與下頜平行；目視前方。（圖3-6-15）

　　【要點】動作協調、清晰，連續不停頓。弓步時，腳

圖3-6-15　　　　　　　　圖3-6-16

向前踩實，膝尖向下垂直於腳尖，大腿接近平。步距約三

腳長，後腿略彎曲。塌腰鬆腹，力達右掌心。

（九）海底針

1. 雙掩手

兩腿不動，上體略起勢；右掌外旋，屈肘弓臂向左掩肘，成掌心向裏的豎掌，與頭平行；左掌外旋，屈肘弓臂向右掩肘，成掌心向右掌背的豎掌，與右掌平齊。（圖3-6-16）

【要點】起勢時，兩腳要踩實，腿略高於半蹲，上體正直。兩臂彎曲接近90°，右掌距面部約一個半掌長，左掌距右掌背約一個掌長。力達兩掌裏側。

圖3-6-17

2. 金針入地

左腳回收於體前，腳掌點地，右腳踩實，支撐，屈膝坐胯下蹲，成虛步勢；右掌外旋屈伸肘，經裏向前下插於襠前，成掌心向右的下豎掌，略低於膝；左掌裏旋，屈肘弓臂立於右肩前，成掌心向右的豎掌，與下頜平行；目平視前方。（圖3-6-17）

【要點】虛步時大腿接近平，左小腿下垂，半蹲支撐。上體正直，右臂和右掌上下垂直，與右小腿接近平行。左掌豎直，前臂與上臂彎曲90°。力達右掌背和左掌心。

（十）閃通背

1. 十字手

左腳踩實，兩腿直立，身體起勢；右掌外旋，屈肘弓

圖3-6-18　　　　　　　圖3-6-19

臂經前向上豎，成掌心向內的豎掌，左掌外旋貼於右前臂下；目視兩掌間。（圖3-6-18）

【要點】左腿接近直，右腿略蹲，上體正直。兩臂成弓形，左掌緊貼在前臂上。

2. 弓步擊掌

左腳向前邁步，腿前弓，右腿蹬直，上體略右擰前傾；同時，右掌裏旋，略直肘向體前上抬，成掌尖斜向左前的下立掌，略高於頭；左掌裏旋，直肘展臂向體前平擊，成掌心向前的豎掌，與肩平行；目視左掌。（圖3-6-19）

【要點】弓步時腳尖向前，腳踩實，膝尖下垂於腳尖，大腿接近平。後腿略彎曲，腳向前蹬力。塌腰，上體向右擰30°。兩臂略弓，力達右前臂外側和左掌心。

圖3-7-1

第 七 節

（一）金剛搗對

1. 猛虎跳澗

　　兩腳跳起，從右向後轉體，右腳落於原地，腳尖方向相反，左腳落於右腳後，腳尖略外擺；同時右掌外旋，經上向右後方甩掌，成掌尖向體前的仰掌；左掌裏旋，略屈肘，經上向後扣掌，成掌尖向體右的俯掌，與胸口平行；目視前方。（圖3-7-1）

　　【要點】雙腳跳起，以高為佳，兩腳同時落地，步距約兩腳長。兩腿屈膝半蹲。上體右扭，力達左掌心。

圖3-7-2　　　　　　　　圖3-7-3

2. 金剛搗對（一）

　　兩腳不動，上體左扭；右掌裏旋，經上向前左下方扣掌，成掌尖向左的俯掌，與胸口平行；左掌同時外旋，屈肘收於左脅前外側，成掌尖向前的仰掌。（圖3-7-2）

　　【要點】扭身接近90°，同時略下蹲。上體正直，左臂成弓形，右臂彎曲120°。力達右掌心。

3. 金剛搗對（二）

　　兩腳不動，上體右扭；右掌外旋，屈肘弓臂收於右脅側，成掌尖向前的仰掌，與腰平行；左掌裏旋，經前上方向體前下方扣掌，成掌尖向右的俯掌，與胸口平行。（圖3-7-3）

圖3-7-4

4. 金剛搗對（三）

與金剛搗對（二）動作相同，唯左右相反。

（二）老媽拐線

1. 蓋手捶

左腳向前上弓步，右腿蹬力，上體左扭；左掌不動，右掌變捶，直肘展臂，經左掌腕下向前平衝，成仰捶；左掌再扣於右前臂上；目視前方。（圖3-7-4）

【要點】動作同步。上體左扭達120°。弓步略小，下蹲幅度大。力達捶面。

2. 虛步拐線

左腳回撤成虛步，右腿下蹲，上體右扭；右捶裏旋，

圖3-7-5　　　　　　　　　圖3-7-6

屈肘弓臂向右上提肘，成下立斜捶，與眉平行；左掌貼於右前臂上，成掌心貼於右前臂的豎掌；目視前方。（圖3-7-5）

【要點】動作同步。兩腿半蹲，上體直，右扭。兩臂成弓形，捶面向前。力達右肘。

3. 右上步拐線

右腳向前上步，腿略前弓，左腳尖外擺，左腳尖外擺，腿略屈膝下蹲，上體左扭；同時，右捶外旋，從右上方向左前下方沖捶，成仰捶，與胸口平行，左掌貼於右前臂上；目視前方。（圖3-7-6）

【要點】與二動連續運動，下肢形成半馬步勢。上體左扭接近90°。兩臂成弓形，力達捶面。

圖3-7-7

4. 左上步拐線

　　左腳向前上步，腿略前弓，右腳尖外擺，腿略屈膝下坐，成左半馬步勢；上體向右扭，帶動右捶裏旋，右肘向右上方提，右捶成捶面向前的下立捶，與耳尖平行；左掌緊貼於右前臂，隨右捶而動，成掌心貼於右前臂的豎掌；目視前方。（圖3-7-7）

(三)右截腿

1. 弓步雙推掌

　　左腿向前弓，右腿蹬直，上體略前傾；右捶變掌外旋，直肘展臂；左掌裏旋，直肘展臂，兩掌同時向前推掌，成掌心向前的斜豎掌，與下頜平行；目視前方。（圖3-7-8）

圖3-7-8　　　　　　　　圖3-7-9

【要點】弓步時，左腳尖向前，左小腿垂直，左大腿接近平。右腳尖外擺小於45°，右腳向前蹬力，右腿略彎曲。塌腰。兩臂接近直。動作同步，力達兩掌心。

2. 右截腿

左腳踩實，站穩支撐，右腿提膝，再直腿向前截腿，成腳尖向外的橫立腳，與膝平行；同時，左掌外旋前伸，成掌尖向前的斜立掌；右掌外旋略收回，成掌尖向前的斜立掌，與上體右扭的同時向右後方平捋，成兩掌尖向右前的左仰掌和右俯掌，與胸口平行；目視前方。（圖3-7-9）

【要點】撐腿略彎，截腿要直，上體正直，右扭達90°。兩臂成弓形，兩掌距身體約一掌寬。力達右腳心和兩掌指。

圖3-7-10

圖3-7-11

（四）白蛇吐信

1. 雙龍攪海（一）

　　右腳向前落步，成弓步勢，左腿蹬直，上體左扭；兩掌裏旋，直肘展臂，由後經右向左前上方畫弧形，成掌尖向前上的斜俯掌，與下頜平行。（圖3-7-10）

　　右腿蹬直，左腿屈膝，坐胯下蹲，上體從左向後旋轉；同時，兩掌從前經左和後向體右畫弧形，成兩掌尖向左的俯掌，與腰平行。（圖3-7-11）

　　【要點】動作連續，一氣呵成。兩掌尖略翹，在體前畫一個360°的圓，直徑約兩掌長。上體隨掌動，同時從右經前和左向後擰轉移動。兩腿屈伸隨掌而動，兩掌相距約一橫掌長。力達掌心。

圖3-7-12

2. 雙龍攬海（二）

左腳向前上步，腿前弓，上體從右經前向左旋轉。其他動作與雙龍攬海（一）相同，唯左右弓步相反。

3. 白蛇吐信

右腳踩實站穩，腿略下蹲，左腿提膝，與胸口平行，腳外旋，成腳尖向前的立腳，上體略右扭；左掌外旋，直肘展臂，從下經上（頷下）向前上方插掌，成掌心斜向左的仰掌，與下頷平行；右掌收於腰的右前側，掌尖向前；目視左掌尖。（圖3-7-12）

【要點】動作與上動連續不斷。小腿垂直，支撐腿略蹲站穩。上體略前弓。右臂略成弓形，直掌下塌。沉肩墜肘直腕，左肘向裏合。力達左掌尖。

圖3-7-13　　　　　　　　　圖3-7-14

（五）鴻雁出群

1. 燕子抄水

左腳向前落步，腳尖外擺，兩腿略屈膝下蹲，上體左擰；左掌裏旋，略屈肘，成掌尖向右前方的俯掌，與肩平行；同時，右掌外旋，直肘展臂，經前由左肘下向外插，成掌尖向左的仰掌，與胸口平行，同時左掌貼於右前臂裏側。（圖3-7-13）

右腳向前上步，上體右扭再左轉回身，同時右腳尖裏擺扣，帶動右掌裏旋，從右下方經前上方和體右後畫圓於右耳下，成掌尖向前的俯掌，同時，左掌直肘屈臂下塌於左膝外，成掌尖向前的俯掌；左腿後撤或虛步勢；目視前方。（圖3-7-14）

【要點】動作連續、協調。扣步時，兩腿下蹲，步距

圖3-7-15

約一個半腳長。左腳尖對右扣步腳的腳心。上體以腰為軸，經左前、右後擰轉一周。右臂由屈展直再彎曲，畫一個360°圓形。左掌貼於右前臂並隨之運動。力達右掌虎口處。

2. 鴻雁出群

虛步勢不動，上體左扭；左掌外旋，屈肘收於左脅側，成掌尖向前的仰掌，與胸口平行；右掌同時直肘展臂向前插掌，成掌尖向前的俯掌，與眉平行。（圖3-7-15）

【要點】虛步時，左腳尖點地，大腿接近平，右腿下蹲至最低。上體正直，右臂接近直，掌與前臂平直。力達右掌尖。

圖 3-7-16

（六）單擺蓮腿

1. 弓步推掌

左腳向前邁步，腿前弓，右腿蹬直，上體略右扭；左掌裏旋，坐腕，直肘展臂向前上方推掌，成掌心向前的豎掌，與下頜平行；右掌外旋，屈肘弓臂收於右脅側，成掌尖向前的仰掌，與胸口平行。（圖3-7-16）

【要點】弓步時，左腳尖向前，膝尖下垂於腳尖，左大腿接近平。右腳尖外擺小於45°，腿略彎曲。塌腰鬆腹，上體右扭接近45°，左臂略彎曲，掌尖略向前傾斜，力達掌心。

2. 單擺蓮腿

左腳在右腳前扣大步，兩腿略下蹲，上體經右向後轉

圖3-7-17

體，右腳提起，經右向後擺腿，成腳心向左的豎腳，與肩平行；左掌裏旋，直肘展臂拍右腳面，成掌尖向前的下立掌；右掌裏旋，直肘展臂向右後上方推掌，成掌尖向右的下立掌，與肩平行；目視右擺腳。（圖3-7-17）

【要點】扣步距左腳約一腳長。擺腿從前下方經右上方向後下方畫立弧，達270°。身體保持正直，兩臂接近直，力達右腳面。

（七）鳳凰旋窩

1. 弓步栽捶

接上動。右腳落於體右前方，腳尖外擺，踩實，左腳向前上步，腿前弓，右腿蹬直成弓步勢，上體扭正；左掌外旋，屈伸臂，從右上方經前下方向左上方摟掌，成掌尖向右的俯掌，與胸口平行；同時，右掌變捶裏旋，直腕，

圖3-7-18　　　　　　　　圖3-7-19

直肘展臂，從右上方經左掌下方向前下栽捶，成捶心向裏
的斜下立捶，左掌貼於右前臂上；目視前下方。（圖3-
7-18）

【要點】弓步時左腳尖向前，小腿下垂，大腿接近平
行。右腿略彎，腳向前蹬力。上體正直略前傾。左臂成弓
形，右臂直。力達右捶面。

2. 弓步右旋掌

右腳向前上步，腿前弓，左腳尖外擺，腿蹬直，上體
從後經左向右前旋轉半周；同時，右捶變掌外旋，屈伸
臂，經前下方和體左向前上方旋轉半周，成掌尖向前上方
的斜仰掌，高於頭；左掌貼於右前臂上，隨之動作；目視
右掌。（圖3-7-19）

【要點】弓步時右腳尖向前，膝尖下垂於腳尖，大腿
接近平。右腿蹬力，塌腰鬆腹，上體正直略前傾。左臂成

圖3-7-20

弓形，右臂直。力達右虎口側。

3. 丁步後旋掌

右腳尖裏擺，腿屈膝下蹲，左腳收於右腳裏側，腳掌點地，上體左扭，成虛步勢；同時，右掌裏旋，從前經體右側旋轉於頭後，成掌尖向左的下立掌，高於頭；左俯掌下按於右上臂根下側；目視左側。（圖3-7-20）

【要點】虛步時，大腿接近平，步距約一腳長，正對右腳心裏側。上體正直，兩臂成弓形。右掌從前經右向頭後旋轉270°，與腰胯同時運動。

(八)撲地龍

1. 左仆步

左腳向左邁步，腿下仆，右腿屈膝下蹲，成左仆步

圖3-7-21

圖3-7-22

勢；右掌外旋屈伸肘，從頭後經左向體前下切，成掌尖向左的立掌，與膝平行；左掌隨右掌裏旋，下切於右掌裏側，成掌尖向右的立掌，與右掌平行；目視左側。（圖3-7-21）

【要點】仆步時，腳尖略裏擺，腿接近地面。支撐腿的大小腿接近，腳尖外擺45°。上體左扭，向左傾。兩臂成弓形，兩掌平順，力達掌外沿。

2. 弓步撩掌

兩腿直立，左腳尖向左擺，右腳尖裏擺，左腿前弓，右腿蹬直，上體左扭，成弓步勢；兩掌直肘展臂，向體左右撩掌，成掌尖向左和向右的下立掌，左掌高於肩，右掌低於肩；目視左掌。（圖3-7-22）

【要點】左腳尖直，右腳尖外擺45°。左膝垂直於腳尖，左大腿接近於水平，右腿略彎曲。兩臂直，並與手保

圖3-7-23

持水平。

（九）挎虎勢

1. 七星勢

左腿直立支撐，右腳並於左腳裏側，身體立直，成直立勢；右掌變捶外旋，屈伸肘，從體右經前下向左上沖，成捶心向裏的豎立捶，與眉平行；左掌外旋，屈肘收於右肘窩上，成掌尖向右的俯掌；目視右捶。（圖3-7-23）

【要點】兩腳平齊，緊貼。全身直立，兩臂成弓形。力達右捶面。

2. 挎虎勢

右腳向後倒步，站穩，支撐，左腳收於右腳裏側，身體後退；同時，右捶變勾手裏旋，直肘展臂，坐腕，從前

圖3-7-24　　　　　　　圖3-7-25

下向體右上方頂腕，成下勾手，與耳尖平行；左掌外旋，直肘展臂，坐腕，從前經下向體左上方撩掌，坐腕，成掌心向左前方的豎掌，與眉平行；目視正前方。（圖3-7-24）

【要點】兩腳併步，平齊，身體正直，兩臂接近直。力達右腕尖和左掌心。

(十)轉身雙擺蓮腿

1.擺步穿手

左腳向右後方擺步，左腿略下蹲，上體右擰；左掌外旋，上穿裏合，成掌心向裏的豎掌，高於頭；同時，右勾手變掌外旋，屈伸肘，經體前順左前臂上穿，高於頭，左掌回撤於右肘下或仰掌上托肘，成掌心向上的仰掌。（圖3-7-25）

| 圖 3-7-26 | 圖 3-7-27 |

2. 扣步雙擺手

左腳向右腳扣步，兩腿屈膝下蹲，上體右擰 120°；兩掌裏旋，直肘展臂向體右後方擺，成掌尖向右的雙俯掌，與腰平行；目視兩掌。（圖 3-7-26）

【要點】扣步成丁字步，步距約一橫腳長。兩腿略蹲。兩臂順直，擺於身體右後方，兩掌分左後右前。

3. 右擺腿

右腳提起外旋，從下經前上方向右後方擺腿，成腳心向左前方的豎腳，與頭平行；同時，上體左擰帶動雙掌，左掌在左、右掌在右，成掌尖向前的上俯掌，並平拍右腳面；目視腳尖。（圖 3-7-27）

【要點】支撐腿要站穩，踩實，腿要直。右擺腿時，腿接近直，不能低於胸口，不能高於頭，腳面繃平。兩臂平直，與擺腿交相運動。力達擺腳。

圖3-8-1　　　　　　　　圖3-8-1附圖

第 八 節

(一)彎弓射虎

1. 落步擺手

右腳向右前方落步，腿前弓，左腿蹬直，上體略前傾，左扭；兩掌從右上方向左下方擺，成掌尖向左前方的雙俯掌，與腰平行。（圖3-8-1、圖3-8-1附圖）

【要點】弓步時腳尖略裏擺，膝尖垂直於腳尖，大腿接近水平。後腿略彎曲，上體左扭接近45°。兩前臂和掌平直，力達左掌外沿。

圖3-8-2　　　　　　　　圖3-8-2附圖

2. 彎弓射虎

下肢不動，上體右擰再左扭；同時，兩掌變捶，屈肘收於體右前，成捶面向前的扣捶，與胸口平行；接著，左捶外旋，右捶裏旋，兩捶直肘展臂向左前方平衝，左捶成捶面向前的仰捶，右捶成捶面向左前方的下立捶；目視兩捶間。（圖3-8-2、圖3-8-2附圖）

【要點】上體左扭接近45°，兩捶相距約兩掌長。力達捶面。

(二)弓步雙捶

1. 雙擄手

下肢不動，上體右擰；兩捶變掌，左掌裏旋，成掌尖向前的斜立掌；右掌裏旋，成掌尖向前的斜立掌，兩掌屈

圖3-8-3 　　　　　　　　圖3-8-4

肘弓臂擴於胸口前，成掌尖向前的雙立掌。（圖3-8-3）

【要點】動作同步。上體右擰接近45°，兩臂成弓形。左掌在身體左前方，右掌在身體右前方，兩肘觸前胸。力達兩掌指。

2. 弓步雙捶

左腳前邁，腿前弓，右腿蹬直，上體略右擰，成左弓步勢；兩掌變捶，左捶裏旋，右捶外旋，兩捶直肘展臂向前平衝，成捶面向前的立捶，與胸口平行。（圖3-8-4）

【要點】動作同步。弓步時腳尖向前，小腿垂直，大腿接近水平。後腳尖外擺，腿略弓，向前挺力。上體正直，兩臂接近直。兩捶相距與肩同寬。力達捶面。

圖3-8-5

(三)回頭望月

1. 扣步摟手

左腳尖裏擺，右腳尖外擺，兩腿屈膝下蹲，上體從右向後擰轉，成扣步勢；兩捶變掌，屈肘弓臂向右後方擄帶，右掌成掌尖向前的下立掌，左掌成掌尖向前的仰掌與胸口平行；目視前方。（圖3-8-5）

【要點】動作同步。兩腳尖擺扣下蹲勢接近馬步勢大腿接近水平。上體右擰接近90°。兩臂成弓形，肘接近胸前。力達兩捶面。

2. 回頭望月

右腳向右前上步，腿前弓，左腳尖裏擺，腿蹬直，上體向右後方轉體；同時，兩掌變捶，左捶裏旋，右捶外

<table>
<tr><td>圖3-8-6</td><td>圖3-8-6附圖</td></tr>
</table>

圖3-8-6　　　　　　　　　圖3-8-6附圖

旋，兩捶直肘展臂，由下向後右上方探捶，左捶成捶面向
右前方的下立捶，與頭平行；右捶成捶面向右前方的仰
捶，與胸口平行；目視右前側。（圖3-8-6、圖3-8-6附
圖）

【要點】弓步時腳尖向前，小腿垂直，大腿接近平，
後腿略弓。上體右扭接近45°。兩臂成弓形，力達兩捶
面。

（四）弓步雙捶

與（二）弓步雙捶動作相同，左右也相同。

（五）右風擺河柳

1. 虛步上攦手

左腳收於右腳裏前側，腳尖點地，右腳踩實，屈膝坐

圖3-8-7　　　　　　　　圖3-8-8

胯支撐，上體右擰，成丁步勢；兩捶變掌，左掌外旋，右掌裏旋，兩掌屈肘弓臂，由前下方向右上方帶攦，左掌成掌尖向左的斜仰掌，與肩平行；右掌成掌尖向前的斜俯掌，與頭平行；目視左側。（圖3-8-7）

【要點】丁步時，大腿接近水平，支撐腿半蹲。上體側立，豎直。左臂接近直，右臂成弓形，力達兩掌。

2. 上步回劈掌

左腳向前上步，腿略前弓，右腿直立，上體向右後方扭；兩掌裏旋，屈伸肘，隨扭身向右後下方劈掌，成掌尖向右後的雙立掌，與胸口平行；目視右後方。（圖3-8-8、圖3-8-8附圖）

【要點】上步扭身和劈掌要同時。上步腳尖向左，腿

| 圖3-8-8附圖 | 圖3-8-9 |

略弓。右腳尖外擺90°，右腿略下蹲支撐。上體直立，略右擰。右臂直，左臂略屈。沉肩墜肘，力達兩掌外沿。

3. 扣步平攦手

右腳向左腳前方扣步，兩腿下蹲，上體左轉180°；兩掌屈伸肘，從右上方經前下方向左平攦，成掌尖向前的斜立掌，與腰平行；目視前方。（圖3-8-9）

【要點】扣步成八字腳，兩腿接近半蹲，上體直立。兩臂接近直，兩掌相距約一掌長。力達十指。

(六)左風擺河柳

1. 回身撩托掌

左腳向左前上步，腿前弓，腳尖外擺，右腿蹬直，上

圖3-8-10   圖3-8-11

體左扭；同時，左掌裏旋，直肘展臂，隨身體轉動向左後
方撩掌，成掌尖向左的下立掌，與肩平行；右掌隨外旋屈
肘上托，成掌尖向左的仰掌，與胸口平行；目視左掌。
（圖3-8-10）

【要點】弓步時腳尖向前，膝尖垂直於腳尖，大腿
平。右腳尖裏擺，上體略前傾。左臂直，右臂成弓形。力
達左掌外沿和右掌心。

2. 馬步右攄手

左腳尖裏擺，右腳尖外擺，兩腿屈膝坐胯下蹲，上體
右扭，成馬步勢；左掌外旋，右掌裏旋，屈伸肘，從左下
方向右上方攄掌，成右掌尖向左的立掌，與頭平行，左掌
成掌尖向左的仰掌，與下頜平；目視左側。（圖3-8-11）

圖3-8-12

【要點】馬步時，兩腳平齊，步距約三個腳長，膝尖不過腳尖，大腿接近水平。上體正直，兩臂成弓形。兩掌相距約一掌長，距頭約一個半掌長，力達十指。

3. 右弓步雙劈掌

右腳尖外擺，腿前弓，左腳尖裏擺，腿蹬直，上體右扭，略前傾，成右弓步勢；左掌外旋，右掌裏旋，直肘展臂向體右劈掌，成掌尖向右前的雙立掌，與肩平行；目視前方。（圖3-8-12）

【要點】上下體動作要連續不斷。上體右扭和劈掌要同時。弓步時右腳尖向前，膝尖垂直於腳尖，大腿成水平。左腳尖裏擺大於45°，腿略彎曲。塌腰鬆腹，兩臂接近直。力達兩掌外沿。

圖3-8-13

(七)猛虎甩尾

1. 左撩撐掌

左腳尖外擺，右腳尖裏擺，兩腿屈膝下蹲，上體左扭，成馬步勢；右掌外旋，屈伸肘，從右經前下方向左上方撩托掌，成掌尖向左的仰掌，與胸口平行；左掌同時裏旋，直肘展臂坐腕，由右經體前向左平撐掌，成掌尖向前的下立掌，與肩平行；目視左側。（圖3-8-13）

【要點】馬步時，兩腳平齊，步距約三腳長，膝尖不過腳尖，大腿接近平。上體正直，兩肩略抱，兩臂接近直，兩掌左上右下，右掌在左肘內下側。力達掌心。

2. 右勾推手

右腳尖外擺，左腳尖裏擺，右腿前弓，左腿蹬力，上

圖3-8-14

體右扭，成右弓步勢；右掌裏旋，五指捏攏，屈腕成勾手，隨上體右扭，從體前經體右再向後勾手，成上勾手，與胸口平行；左掌同時外旋，屈伸肘，從左經體前向右推掌，成掌心向前的豎掌，與下頷平行；目視左掌尖。（圖3-8-14）

【要點】弓步時腳尖向前，小腿垂直，大腿接近水平。後腳尖略外擺，腿略彎曲。上體略前傾，保持正直，兩臂似屈非直。力達左掌心和右勾手裏側。

(八)抹面掌

1.左插手

右腿前弓，左腿蹬直，上體左扭；右勾手變掌外旋，由後經右前從左肘上向外插成掌尖向左上臂的外俯掌，再弧形向前和右抹掌一周，成掌尖向左前方的仰掌，與肘相

圖3-8-15　　　　　　　　　　圖3-8-16

交。（圖3-8-15）

【要點】弓步時腳尖向前，小腿垂直，大腿接近水平。後腿蹬直，腳尖外擺。上體前傾，向左扭90°。左臂直，右臂成弓形。力達右掌虎口側。

2. 抹面掌

下體不動，上體從左經前和右、後，再向左旋轉一周；身體帶動右掌裏外旋，屈伸肘，從前經右和後下方旋轉一周，收於左肘下方，仍成掌尖向左的仰掌；左掌扣於右前臂上，屈伸肘，原路旋轉一周，回收於原位，仍成掌尖向前的俯掌，與肩平行；目視右掌尖。（圖3-8-16）

【要點】兩腳踩實站穩，上體前後左右擺動，同時弓步變前腿直，後腿蹲步，再變回弓步。右掌屈肘時變俯掌，當貼近右脅時再變仰掌，左扭身時向左脅下插掌。力達右掌心。

圖3-8-17　　　　　　圖3-8-18

（九）金雞獨立

1. 右片旋掌

兩腳不動，右腿前弓，左腿前蹬，上體前傾；同時，右掌直肘展臂向前右上方片掌，成掌尖向前的仰掌。（圖3-8-17）

右腿蹬直，左腿屈膝向後下坐；右掌裏旋，屈伸肘，經右、後順左臂向前片於左掌上，成掌尖向左的下立掌；同時，左掌外旋，屈伸肘，隨右掌旋轉，成掌尖向前的仰掌，與肩平行；目視左前方。（圖3-8-18）

【要點】身隨手動，腿隨身轉，動作同步、協調。勢架形成兩腿略彎曲，半蹲，重心移在後腿上。上體左擰，要直，兩臂彎曲達90°。力達右掌心。

圖3-8-19　　　　　　　　圖3-8-20

2. 提膝撐掌

右腳尖裏擺，踩實站穩，支撐，左腿提膝，左腳尖下垂，腳面繃平，上體右扭；右掌從左掌上直肘展臂向右撐掌，成掌心向右的下立掌，與肩平行；左掌屈肘弓臂收於右肩前下方，成掌尖向右上的仰掌；目視右掌。（圖3-8-19）

（十）收　勢

1. 合太極

左腳向左方落步，兩腿屈膝坐胯，成馬步勢；左掌裏旋，直肘展臂向左展，成掌心向左前方的豎掌，與眉平行；右掌同時變勾手裏旋，成下勾手，與眉平行；目視左掌。（圖3-8-20）

圖3-8-21　　　　　　　　圖3-8-22

【要點】馬步時，兩腳平齊，步距約三個腳長，膝尖不超過腳尖，大腿接近水平。上體保持正直。兩臂分於身體左右，接近平直。

2. 雙托掌

原勢不動，左掌直腕外旋，右勾手變掌，直腕外旋；兩掌上托，成掌尖分向左右的仰掌，與頭平行；目視正前方。（圖3-8-21）

【要點】馬步勢架略上移，兩臂接近直，力達掌心。

3. 併步下豎掌

左腳並於右腳裏側，腿蹬直，身體自然直立；兩掌裏合，經頭前下落，收於兩大腿外側，成掌心貼於大腿外側的下豎掌；目視正前方。（圖3-8-22）

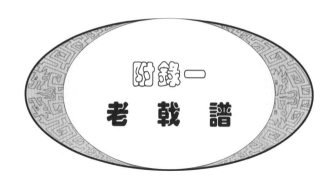

　　夫練技藝一道，得師不易，守法更難，一有遷孰，自誤一生。自古迄今，尚武者皆貴手，專門一器之精，今人學些刀槍棍棒，而成普通之學，不知此之妙者多矣。此槍頭之上接一月刀，器名之曰戟。然，戟法有千變萬化，不外槍之相生言，槍法一拿一紮，戟法一擠一靠，與槍形同法不同。當年有位古人名喚呂布受過此傳，善能使戟，變化無窮，今人知此技者少矣。

　　此器使法，與槍稍異，其中各有妙用。此器雖妙，總本乎槍法為兵器之王，戟為器中之魁。如使槍以拿攔二招為閉法，如使戟者以貼靠二招為變法。

　　曰：使槍戟者總不外此二招。余曰：貼靠二招法有何用？精工曰：如敵人槍紮來，偏裏，偏外，裏用貼，外用靠，此出手二招。余曰：要從下紮，又有何法？精工曰：使槍者往下一提，能以破也，使戟者向下一合，此為叼者。余曰：若從上紮來，又以何法破之？精工曰：使槍者一纏攔能破之，使戟者往上一攢，貼住槍桿向下一拉開，能以破也。余曰：戟法真妙，不知此招有何破法？此招急

萬不能破。公又曰：此一招能傷敵三處，耳上一處，腕上一處，肋上一處，敵人命休矣。余曰：問此招何名？公曰：青龍探爪是也。余曰：戟法是兵器中之神技也。

公歌曰：此戟本是一條龍，張牙舞爪令人驚，使開好似飛探爪，回拉總要奔前胸，青龍低頭托戟式，叼住前手不放鬆，走開倒步劈山換，換手劈山不留情。故曰：戟者龍也，周身作為八處用法。余問：哪八處？公曰：龍有口，戟上有月，身上有爪，戟月有尖、有尾，戟杆有鑽，有身則有杆，有角則戟有槍尖。余曰：請問何用？公曰：飛頭能鑽攢，龍口能叼，四爪能抓，尾能擺，所以，戟者此為用也。此使裏外高低，盡是斜行步法，進退利用形如龍也，又為槍戟合為一法並用。磨旗勢，黑龍入洞是也；搖旗勢，青龍低頭是也；下提上截，青龍抬頭是也；下截上隆，青龍探爪是也；撲地面幌，青龍占是也；倒插戟、懶龍翻身、鐵掃帚，青龍獻爪是也；提劈戟，烏龍掃尾是也。此乃鐵頭木杆之器，何敢比龍？無非練技得法，借龍字的威風，乃比上天神獸之名而矣。

又歌曰：此戟好比一條龍，搖頭擺尾往前行，搖撲戟法神鬼怕，劈開順崩不留情，青龍探爪前胸剁，片頭摟腰變化精，托戟倒步不留門，換手劈山敵人驚。

又言：使法有推託二字，化法有勾摟二字，化法有刁鑽二字，近法有拋片二字，摟法有貼靠二字，變法有提撩二字，近法有截攔二字。又有信手自妙法，凡貼必刁，凡刁必鑽，凡鑽必拉，凡拉必勾，凡勾必托，凡托必劈，凡劈必摟，凡摟必提，凡提必截，凡截必拋，凡拋必帶，凡帶必還。

　　此六路夫長法與槍同，法不同。別家槍法，有講中平二尖要對，外拿攔有圈槍，有纏槍，有粘黏磨槍，隨體變化。有崩、掛、岔、挑、滑、壓、劈、剁、紮。戟法不然，六路夫長法各有各字，各有各法，內有四十八法，講一字一法，有貼、靠、搜、提、崩、掛、插、挑、截、攔、托、化、搖、撲、滑、壓、轉、還、挫、拉、掛、閉、折、推、化、搭、打、掃、摟、探、紮、崩、纏、劈、架、貫、朝、抛、片、支、剁、叼、鑽、勾、摟、攏、翻、帶。四十八個字，為母名，曰四十八法。亂串變化無窮，又言戟之串法、搖撲變法、撲帶撲搜招法、撲折退法、撲勾劈法、撲衝提法、撲支紮法、撲托近法、撲粘叼法、貼勾鑽法、貼提捉法、貼截靠貫法、抛片摟法、擁晃摟法、鑽托劈法、劈鑽拉法，戟向下轉三圈名曰近法，名曰孤樹盤根，又曰百草尋蛇托劈法。向下裏轉三圈提劈法，向上搖晃三圈名曰搖旗，外轉三圈名為磨旗。刁鑽摟法、提拿鑽法、貼摟掃法、掃上摟下，名曰鐵掃帚。烏龍擺尾之名劈法，懶龍翻身之名大片法，黃龍粘杆之名，裏擁戟法、抛戟摟法、托化劈法、提攏摟法、攏摟探法、退步撲法、外貼截法、倒步斜進翻劈法、劈提摟捉法、白蛇弄風之化法、攔提近法、外擁勾托劈法、外片劈拉法。久練此技，信手自妙，無一招不勝也。此技相傳至今數百餘年，恐後學失其真傳而附圖以表之，使後學者視如指掌，不致傳久失矣（註：因年代已久，圖已不清，故僅提供文字資料參考，在此作者深表歉意，誠請收藏此圖之士貢獻所藏，以供後學者更易學練）。

六路戟法歌

第一路法

初手搖撲最剛強，背身反提身後防；
轉身插戟上右步，黃龍粘杆走轉還；
鷂子抄水要猛急，向下一絞走往回；
崩上打下防身後，走搖撲一帶減頭路完。

第二路法

下截上攏是硬撲，近身攔提向上出；
拉打步帶開隨順去，背身反提反截劈；
下合回走連三步，轉立劈變要頂膝；
下提上攏近步貫，腰緊退步快拉撲；
退步搖開先為劈，搖撲一攔二路完。

第三路法

裏靠外貼上下防，下叼上鑽最難擋；
往回一拉反提劈，連步轉還插戟支；
急進又連步還三劈，劈支拿戟又變拿攔；
退步一帶三路完。

第四路法

搖撲二法變身防，近步支出人難防；
退步拉法人難近，鐵掃帚掃上摟下近步擺尾大劈法；
懶龍翻身倒步烏龍擺尾退步攔，向回撲搭四路完。

第五路法

五路雲纏法通化，近步攔提妙難言；
轉還退步又轉還，向上近步如推山；
要一動隨手換，　回步勾劈招法先；
套步反劈勢法全，搖撲一帶五路完。

第六路法

搖撲帶法上下防，近步硬劈最難擋；
退步搖撲防救變，倒步貼住向上出；
裏攦戟法往前近，連三急挫拉背身；
反提撥戟妙，上步貫出提又提；
以上六路都學全，搖撲一帶六路完。

又使戟二十四法

搖、撲、崩、掛、反提、反截、左右轉還、下提、上攦、黃龍粘杆、退步撩提、鳳凰點頭、搖撲搭抽、烏龍擺尾、燕子抄水、近步纏攔、高提貫戟、外貼裏靠、叼、鑽、劈、拉、近步支戟、退步拉戟、鐵掃帚、黃龍轉身、懶龍翻身、裏外攦挫、拿搜、托劈、攔提、搭袖、片頭、摟腰、連三戟。

附錄二
戟法演練示範圖

黃龍大轉身——作者於50年代

黃龍粘杆

鐵掃帚（上掃）

鐵掃帚（下掃）

黃龍轉身

背身反提

搖　撲

定價230元

定價230元

定價230元

定價230元

定價250元

定價230元

定價230元

定價230元

定價230元

定價280元

定價200元

定價550元

定價400元

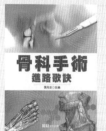

定價220元

定價250元

品冠文化出版社

圍棋輕鬆學

定價160元

定價300元

定價330元

定價250元

定價250元

定價250元

定價280元

定價280元

定價280元

定價250元

象棋輕鬆學

定價280元

定價280元

定價280元

定價280元

定價230元

定價450元

定價500元

智力運動

定價220元

定價250元

定價180元

定價200元

定價180元

定價180元

定價180元

定價220元

棋藝學堂

定價180元

定價220元

定價180元

定價180元

定價180元

定價180元

歡迎至本公司購買書籍

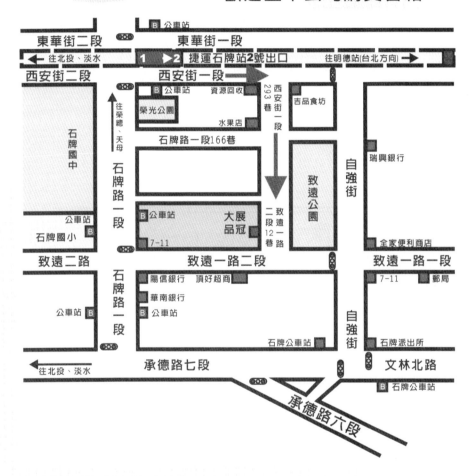

建議路線
1.搭乘捷運·公車
　　淡水線石牌站下車，由石牌捷運站2號出口出站(出站後靠右邊)，沿著捷運高架往台北方向走(往明德站方向)，其街名為西安街，約走100公尺(勿超過紅綠燈)，由西安街一段293巷進來(巷口有一公車站牌，站名為自強街口)，本公司位於致遠公園對面。搭公車者請於石牌站(石牌派出所)下車，走進自強街，遇致遠路口左轉，右手邊第一條巷子即為本社位置。

2.自行開車或騎車
　　由承德路接石牌路，看到陽信銀行右轉，此條即為致遠一路二段，在遇到自強街(紅綠燈)前的巷子(致遠公園)左轉，即可看到本公司招牌。

國家圖書館出版品預行編目資料

傳統太極拳／朱寶珍　著
　　——初版，——臺北市，大展，2014〔民103．07〕
　　面；21公分 ——（陳式太極拳；2）
　　ISBN　978－986－346－026－8（平裝；附數位影音光碟）

1.太極拳

528.972　　　　　　　　　　　　　　　　　　103008818

傳 統 太 極 拳

著　　　者／朱寶珍
責任編輯／張建林
發 行 人／蔡森明
出 版 者／大展出版社有限公司
社　　　址／台北市北投區（石牌）致遠一路2段12巷1號
電　　　話／（02）28236031・28236033・28233123
傳　　　眞／（02）28272069
郵政劃撥／01669551
網　　　址／www.dah-jaan.com.tw
E－mail／service@dah-jaan.com.tw
登 記 證／局版臺業字第2171號
承 印 者／傳興印刷有限公司
裝　　　訂／承安裝訂有限公司
排 版 者／弘益電腦排版有限公司
授 權 者／北京人民體育出版社
初版1刷／2014年（民103年）7月

定　價／300元

大展好書　好書大展
品嘗好書　冠群可期